忠臣蔵と江戸の食べもの話

西まさる

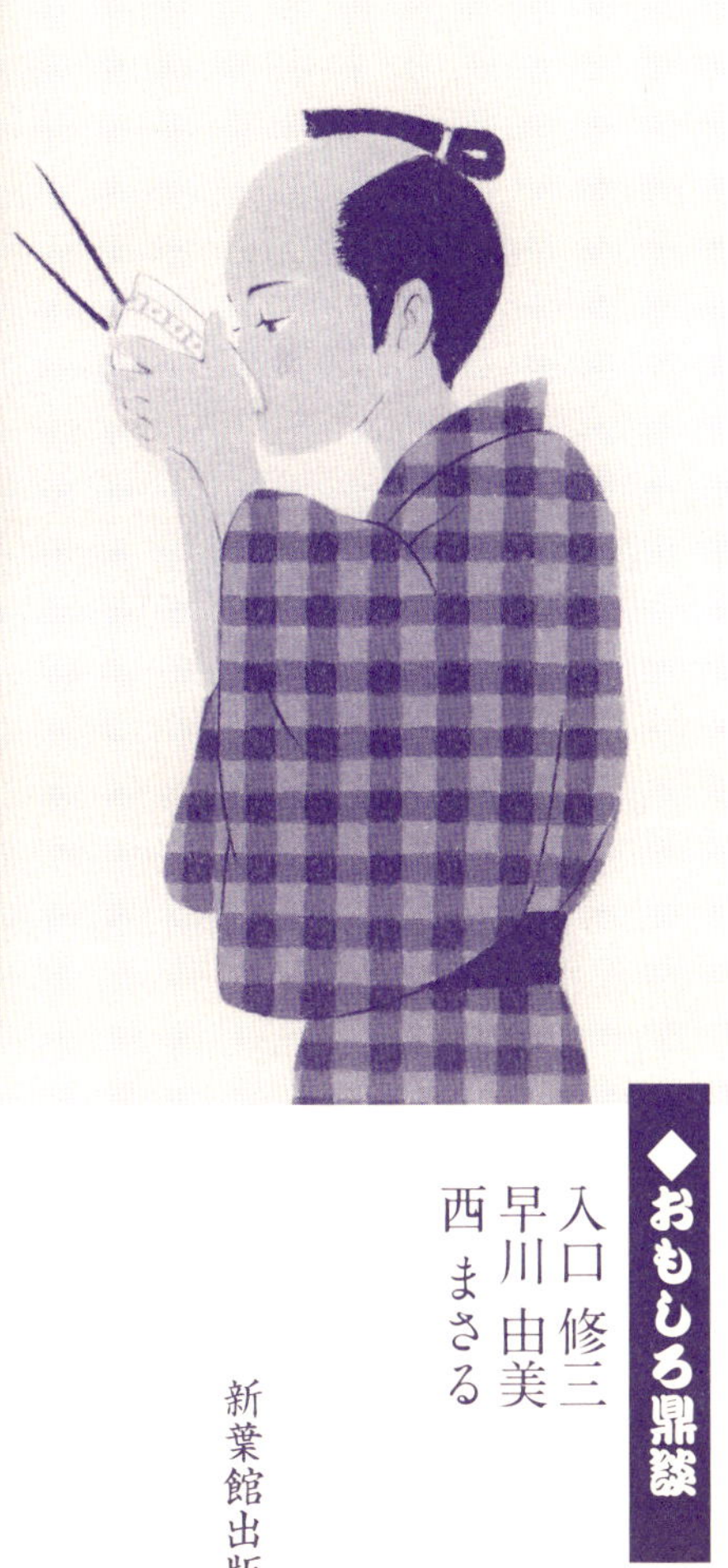

◆おもしろ鼎談

入口 修三
早川 由美
西 まさる

新葉館出版

忠臣蔵と江戸の食べもの話・目次

装丁・スギウラフミアキ
鼎談・入口　修三
　　　早川　由美
　　　西　まさる

○忠臣蔵と江戸の食べもの話

江戸・元禄の食べもの話

浅野と吉良。それぞれの湯漬け

切腹の刻《とき》を待つ浅野内匠頭《たくみのかみ》は、差し出された一汁五菜の膳を断《こと》わり、湯漬《ゆづ》けを所望《しょもう》した。そして二杯の湯漬けを食べ終えると、桜の散る庭先へと歩《あゆ》みだした。

吉良上野介《こうずけのすけ》はそのころ、江戸城内の医者溜《だ》まりで湯漬けを食べていた。傷の手当てを終えても、ぐったりとしていたので医者が勧《すす》めた。二杯目の湯漬けを食べ終えると、上野介の顔に安堵《あんど》の色が差した。

元禄十四年三月十四日の午後も遅くのことであった。

○

その数時間前、江戸城松の廊下で大事件が起きていた。赤穂事件あるいは忠臣蔵と呼ばれるご存じの史実である。

抜刀厳禁《ばっとうげんきん》の城内での刃傷沙汰《にんじょうざた》。斬《き》りつけたのは浅野内匠頭長矩《ながのり》、斬られたのは吉良上野介義央《よしひさ》。大騒ぎの松の大廊下。

「武士の情けじゃ、もう一太刀《ひとたち》！　もう一太刀〜」

叫《さけ》ぶ内匠頭をとっさに抱き留《と》めたのが梶川与惣兵衛《よそべえ》、それに駆《か》けつけた伊達宗春《だてむねはる》に茶坊主《ちゃぼうず》らも加わり、内匠頭は大廊下に組み伏せられた。

組み伏せられながらも内匠頭、「此間中の意趣之あり《このあいだじゅうのいしゅこれあり》！」と叫び続ける。

「此間中」とは勅使饗応《ちょくしきょうおう》の業務を行っている期間中のことであろう。「意趣」とは遺恨《いこん》。

内匠頭は「遺恨之あり」と大声で叫んでいた。

「浅野殿、もう事《こと》は終った。大きな声はいかがなものか」

と、周囲にとりなされた内匠頭は我に返ったように静かになり、身なりを整《ととの》えた。

尋問《じんもん》のため内匠頭は城内の柳《やなぎ》の間に移されたが、この頃はすでに五万石の大名の姿勢を取り戻していた。

そして身柄《みがら》は、田村右京太夫《うきょうだゆう》（陸奥《むつ》一関《いちのせき》藩主）に預けられた。

一方、上野介の尋問は蘇鉄《そてつ》の間。

上野介は目付《めつけ》の尋問に、「まったく身に覚《おぼ》えのないこと」と繰り返し言い続ける。流血は見た目にもひどく、「手当てをされよ」と傷の手当ての許しを得た。

医者の詰所《つめしょ》で当番医が上野介の治療を始めるが額《ひたい》の傷の出血は止まらない。そこで急ぎ呼ばれたのが南蛮流《なんばんりゅう》（西洋医学）外科の第一人者、栗崎道有《くりさきどうう》。幕府の医官でもある。

詰所に来た道有が見たのは、生あくびを繰り返し、ぐったりとした上野介の姿だった。

治療の様子を道有の記録にみると次のようだ。

「額の傷は筋交《すじか》いに眉毛《まゆげ》の上の骨まで切れている。傷の長さは三寸五、六部。熱湯にて温めて洗い、小針、小糸にて六針縫《ぬ》う。直《じか》にウスメチャを付け、蓋《ふた》にも黄—《ママ》を付ける。背中の傷は浅し。それでも三針縫う。薬は額のものと同様なり。巻き木綿（包帯）は下着の白帷子《しろかたびら》を引き裂き、手際よく包むことができた」。

記載の「ウスメチャ」、「黄―」は止血に効《き》く塗り薬だろう。

上野介は浅手だったという説が主流だが、外科医道有の診察記録では、それなりの傷だったことがわかる。さらに記録には「なお、部屋中、血になり――」とあるから、出血もかなりのものだったことが分かる。

ぐったりとする上野介に体力の弱りをみた道有は、茶坊主に命じて、飯と湯を取り寄せると、飯に湯をかけ、焼き塩をふった塩味の湯漬けを作った。

「さぁ、ゆっくりと召し上がれ」。

上野介はうまそうに二杯も食べると、たちまち元気を取り戻したのであった。

それは申《さる》の刻《こく》（午後三時）になろうとする時である。儀式煩《はん》多《た》な折、上野介らは早朝から何も食べていなかった。湯漬けは素早く空腹を満たし暖をとり、元気を呼ぶのに適当な食だったようだ。

傷の手当てを終え、湯漬けを食べ終えた上野介の、ほっとした顔が目に浮ぶ。

さて、申の刻が過ぎたころ、一方の内匠頭は田村右京太夫の芝・愛宕下《あたごした》の藩邸に送られ、切腹を申し付けられていた。

松の廊下のままの大紋《だいもん》姿で送られて来た内匠頭であったが、ここでは大紋を脱ぎ、にわか造りの座敷牢《ざしきろう》にいた。

切腹の刻を待つ内匠頭の前に、一汁五菜の膳が出された。田村家の好意である。しかし彼はこれには箸を付けず、「湯漬けを所望《しょもう》」。すぐに、飯椀と湯が運ばれる。黙って内匠頭は湯漬けを二杯食べた。

浅野内匠頭長矩の最期《さいご》の晩餐《ばんさん》は湯漬けであった。

ファーストフードの誕生と定着

【西まさる】 日本の食べ物が一気に多様化したのはちょうど元禄のころでしょう。

【早川由美*】 煮売屋《にうりや》*や、そばの屋台などファーストフード的な店が出来て初めて、調理するところを見ながら食べたり、立ち食いを経験し

*鼎談者（ていだんいりぐち・しゅうぞう）の略歴は最終ページに。
= はやかわ・ゆみ、

*惣菜を売る屋台。挿絵の四文屋も同様な店。

たのも江戸時代中期からでしょうから、明らかに変化がありましたね。

【西】当時の風俗画に「四文屋《しもんや》*」という屋台を書いた絵がありました。「酒さかな四文や」の看板で大きな鍋におでんのように串に刺《さ》した物を煮ていた。何を刺して煮ていたんだろう。

【入口修三*】ニシン、スルメ、小豆、クワイのような芋が主《おも》だったようですよ。蛸の足もあったでしょう。どのみち四文だから今の百円ほど、大したものはない。手軽に今晩の惣菜《おかず》を買うといった風だったのでしょうね。

【早川】どうみても庶民のおかみさん相手の商売ですね。

【西】江戸時代は、外食をしない、出来合いの物は買わないという先入観があったけど、間違いですね。四文屋の前で椅子に腰掛けて何か食って酒を呑んでいる絵も見ましたけれど、あれは例外的で、煮売屋は一口に言えば総菜屋《そうざいや》で

＊江戸中期に誕生した屋台の惣菜売り。一つ四文が売り。挿絵＝スギウラフミアキ（以降、引用画以外は全てスギウラ）

すよね。

【早川】家で煮炊《にた》きせず出来合いを買ってくるファーストフード化が定着したのがこの頃ですね。特に江戸は独身男性が多い土地ですし、独り者がコンビニ弁当を買うのと同じような感覚でファーストフードの店が普及《ふきゅう》したといえるでしょう。一般家庭でも、今と違って煮炊きには長い時間がかかるし、欲しいものを少しずつ作るというわけにはいかないでしょ。だから、晩のおかずに「芋の煮っころがしと蛸の足を一本ちょうだい」という具合にドンブリ鉢を持って煮売屋に買いに行くわけ。だいいち、長屋程度の家庭には、庖丁《ほうちょう》もまな板もなかったですからね。

【入口】それ、聞いてはいたけど、本当？　って感じだね。

【早川】入口さんが関わるような武家とか料亭の話じゃないのよ。江戸の町人の七割は長屋に住んでいたというけど、普通の長屋にはまな板も庖丁もないのが普通。ご飯を炊く竈《かまど》が一つだけ。煮炊きは必要なら外で七輪《しちりん》*がせいぜい。

＊鍋が一つのる小型のコンロ。燃料は炭。

【西】じゃ、料理はどうしていたのだろう。

【早川】菜っ葉は手でちぎる。豆腐は手でつぶす。魚は丸のまま煮るので庖丁はいらない。朝は納豆売りが廻ってくる。豆腐も売りに来る。鍋をもって声をかけて買うわけ。「納豆を　帯ひろどけの人がよび」という有名な川柳がありますよね。

【西】寝巻きの帯を押さえながら、おかみさんが納豆売りを呼ぶ。いかにも江戸の朝の光景だね。「納豆と　蜆《しじみ》に朝寝起こされる」もあった。いわれてみれば、江戸の食卓の定番は、納豆、豆腐、干物。味噌汁の具も豆腐か蜆《しじみ》。どれも庖丁もまな板もいらない。

【早川】庖丁が要《い》る物を売る棒手振《ぼうてふり》*（行商人）は、ちゃんと必要な道具を持ってきます。魚屋は木の飯台《はんだい》に出刃庖丁《でばぼうちょう》とまな板を提《さ》げて来る。魚をすぐに煮たり焼いたりできるようにして売るわけ。

＊ぼうてふり＝挿絵のように天秤棒（てんびんぼう）に荷を載せて売りに来る。毎日決まった時間に決まった道を来るので、時計代わりにもなった。売り声も大切だ。

【西】西瓜《すいか》も「西瓜の裁《た》ち売り」で切って売っているから、今、食べる分だけの売り買いと思っていたけど、庖丁がないから切ったものを買わないと不便だったのか。なるほど。

【入口】長屋の話とはちょっと違うけど、こんなこともありましたよ。大勢の客を呼んだ家が、その時だけ流しの料理人を雇って膾《なます》*や煮物を作らせる。料理人は野菜を刻む人、魚をさばく人、擂《す》り鉢《ばち》で物を擂る人というふうに作業分担《ぶんたん》をしていた。分担というより、それしか出来ない職人だったのかもしれないけどね。正月前は大繁盛だったというのをどこかで読みましたね。

【早川】井原西鶴《いはらさいかく》*の『西鶴織留《さいかくおりどめ》*』に伊勢参詣の御師《おんし》の宿*での料理の様子が出ています。かいつまんで言うと、二千人も三千人もの客の食事を作るのに台所番は二十人ほどしかいない。ご飯は釜炊《かまた》きでなく、篭《かご》に米を入れて熱湯につける湯取《ゆど》り。これなら短時間で大量のご飯が炊けます。汁の具の魚も、まな板を使わず、魚の身を大鍋に直接、切込む。魚の焼物は、大きな篭に二十枚ずつ入れて大釜で茹《ゆ》で上げ、それを板

＊魚介類や野菜を細かく切ったものをさす。酢をした「なます」。魚の刺し身をさすこともある。

＊さいかく＝江戸時代の人気作家。『好色一代男』など。俳諧師。

＊おりどめ＝西鶴の短編集。当時の世相がいきいきと描かれている。

＊御師は寺社へ参拝者を導いたり、宿などの世話をする人。この場合は伊勢の近くの参詣者用の宿。

に並べて片面だけ鏝《こて》で焼き目をつける。こんな風に手早く何千もの大量の料理を、それも温かいまま出していたようです。

【入口】湯取り飯は熱湯から取り出すと、熱い大釜に放り込んで水分を飛ばすんだけど、そのタイミングは難しいだろうな。

【早川】和《あ》え物（膾《なます》）も凄いですよ。細かく刻む方は、入口さんがおっしゃったような、流しの職人が素早く大量に刻んでいたようですよ。それを大きな桶《おけ》に、どんと入れて鍬《くわ》でかきまぜる。まるで工場のようですね。

【西】西鶴物には食べ物、飲物の話が多く出てきますよね。西鶴も食いしん坊だったのかな？

【早川】西鶴の追善集《ついぜんしゅう》によれば、お酒は飲めなかったらしいですが、おいしいものを用意して人にごちそうするのが好きだったようです。「美食《びしょく》」って原文に書いてありますから、グルメだったと思いますね。

作品の中に、食器を洗う手間がないからと、祇園《ぎおん》から毎日宅配弁当を届けさせる男が出てきます。弁当代は一匁《もんめ》三分《ぶ》だから千円程度かな。この男、元はお金持ちだったのに落ちぶれていて、その支払いも滞《とどこお》るくらいの懐具合《ふところぐあい》なのに、ウナギの産地にこだわったり、塩や酢の味付けに文句いったりする。こんなところに、食にこだわる当時の人々の姿がうかがえますね。

【西】美食を求めたりするなど、食べ物の好みが変わって来たのも元禄ごろからでしょうね。

【早川】西鶴物でみれば元禄の少し前くらいでしょうか。食べる物に対する人々の意識は変わってきていますね。世情が落ち着いたので贅沢《ぜいたく》になったのでしょうね。特に町人は豊かになった分、食べることを楽しむようになって来ました。例えばね、冷たい物は冷たく食べる、温かい物は温かく食べる。今なら当たり前のことが始まりました。

【入口】具体的にはどんなこと?

【早川】焼物は焼いておいて、出す時に湯に付けて温める。そんな工夫をしていたようですよ。

【入口】熱湯の湯気で温めるわけだ。理《り》に適《かな》っている。

【早川】食べ物を生きる為のものだけじゃなく、美味しく楽しむ為のものに変わったのですね。それと、冷蔵庫がない時代だからいわゆるファーストフードに頼るのが一般家庭の普通の姿だったのですが、案外、正しく伝わっていないようですね。

【入口】外食をするようになったのは、もう少し後年かな。

【西】庶民向けの外食の店舗はまだありませんね。「けんどん屋」*が、生まれたかどうかの時期ですね。でも、屋台《やたい》は出ていましたから、外で何か食べる楽しみを知り始めたころでしょうね。

『江戸名所図絵』*で屋台の店を探したら、日暮里《にっぽり》の花見に「菜めし　でんがく」の屋台があった。

御殿山《ごてんやま》の花見には、細長い火鉢《ひばち》で何かを焼いて団扇《うちわ》であおいでいる絵がありましたよ。串に刺した焼き鳥のような物を

＊けんどん屋＝そば屋や居酒屋の前身。詳しくは、本書145P。

＊天保年間に斎藤月岑が刊行した。当時の江戸の町が分かる一級資料。

【挿絵】江戸名所図会・日暮里（十返舎一九）＝東北大学狩野文庫

焼きながら売っている感じ。作者は十返舎一九《じゅっぺんしゃいっく》*だから、元禄からは遠いけど大きな差はないでしょう。

【入口】一般庶民が屋台や縁台《えんだい》で気軽に物を食うようになったのですね。それも遊び感覚でね。食生活のかたちが変わり始めたのが、よくわかりますね。

*江戸後期の作家、浮世絵師。「東海道中膝栗毛」が有名。

お米の文化の変な文化

【西】江戸時代の食べ物を調べると、やたらに湯漬けが出てきますね。

【入口】当時のご飯は、炊《た》きたて以外は、すべてが湯漬けといっても過言ではないでしょうね。

【早川】冷や飯がいつもあったからでしょう。

【入口】そう。江戸では、ご飯を炊くのは早朝に一回です。*だから、昼も夜も冷や飯になる。おまけに当時の飯は堅いので湯をかけて軟らかくしないと食べにくい。それが習慣になったのでしょうね。

*上方も日に一回だが、昼に炊く。だから朝は冷や飯で朝粥が生まれた。

【早川】米搗《つ》き屋が江戸の町に現《あらわ》れるのが明暦*の後ぐらいだから、それまで庶民は玄米《げんまい》を食べていたわけでしょう。炊き立てならともかく冷えた玄米はそのままじゃ食べにくい。それもあったのかな。

【入口】殿様の食べる御前米《ごぜんまい》は別にして、一般の米は今の古古米のような、水気の少ない堅い米ですよ。

【早川】さらに庶民は、その米に、ひえや粟《あわ》や小豆など雑穀《ざっこく》を混ぜたご飯だったはず。それを冷や飯ではね。だからお湯をかけて食べる。これは知恵ですよね。

【西】この時代の食べ物関係の文書や物語を読むと、飯は誰に持って来させた、米は誰に洗わせたと、ことわりをわざわざ入れていて煩《わずら》わしいと思うときもありますね。栗崎道有《くりさきどうう》*の記録もそうですし、黒澤明*の映画でも感じたことがあります。

【早川】それは、ご飯を扱うという作業が下賤《げせん》のものとされていたからでしょうね。

【西】やっぱりね。でもご飯を扱うのが下賤の仕事とはひどいね。

*めいれき＝江戸前期。1665～1657。

*西洋外科医、上野介の手当てをした。

*日本を代表する映画監督。

【早川】日本はお米の文化のはずなのに何か変だけど、ご飯そのものを扱うのは身分の低い人のすることとなっていた。

【入口】ご飯を炊くのは飯炊き女、ご飯を茶碗によそうのも飯盛り女。どれも蔑称《べっしょう》になっているね。

【早川】武家や商家の奥様やお嬢さんはお米を炊くどころか、ご飯もよそったりしない。ある家で家計が苦しくなって、飯盛りの女中さんを辞めさせて奥方にそれをさせるかどうか、迷いに迷ったという話もありますよ。

【西】世間体《せけんてい》と家計との板ばさみですね。

【早川】宮廷の女官たちの話に、こんなのがありますよ。ご飯をよそうのが杓子《しゃくし》でしょ。その杓子という言葉を知っていること自体が恥ずかしいと言って、杓子を「しもじ」と呼び、それがやがて「しゃもじ」と呼ぶようになった。ご飯をよそうという行為どころか、道具すら蔑視《べっし》していたわけですよね。

【西】そんな変な文化は随分昔からですか。

【早川】在原業平*の話で、いつもはとても美しい女性で魅力的に思っていたが、彼女が台所でご飯をよそう姿を見て幻滅《げんめつ》したというのがありますよ。だから、『伊勢物語』*の平安時代には、そんな文化が既にあったことになりますね。ご飯を炊いたり、よそったりするのは下働きの女性、ただし料理は身分のある男性。そんな位置付けじゃないでしょうか。ねえ、入口さん。

【入口】言われてみれば、料理人は飯を炊かないね。私が駆《か》け出しの頃の料亭には、ご飯を炊く人、食器を扱う人は料理人とは別にいましたね。ご飯をよそう配膳《はいぜん》の人も別だった。だから板前はまったくご飯には触らなかったわけだ。今は電気釜などがあるので事情は違うでしょうが、基本的には、ご飯に関することは今でも料理人の仕事じゃないね。

【西】じゃ、一流の料理人はご飯をうまく炊けない。（笑い）

【入口】そうだね。私はうまく炊けない（笑い）。

＊ありわらのなりひら　平安時代の貴族、作家、歌人。
＊いせものがたり＝平安初期の歌物語。

湯漬け談義

【西】湯漬けのエピソードといえば、なんと言っても「八百善《やおぜん》の茶漬けの話」ですね。

【入口】忠臣蔵より後年のことですね。湯漬けから茶漬けになっている。

【西】江戸の浅草・山谷にあった八百善*という一流料亭に、遊びに飽《あ》きた旦那衆が「八百善で極上の茶を煎《せん》じさせ、いい漬物で茶漬けを食おう」と三人でやって来た。

半日も待たされたあげく、出てきたのが、かくやの漬物と煎茶の茶漬け。食べ終えて勘定を聞くと一両二分という。今でいえば十万円ほど。「いかに上等な茶や漬物でも、あまりに高い」というと、「香の物やお茶は、それほどではないが、茶の水が高いのです。茶に合った水が近辺にないため多摩川まで人を走らせました。その早飛脚《はやびきゃく》代が高い

＊江戸時代に最も成功した超高級料亭。会席料理を確立した。

のです」と亭主は言った、という話。

【入口】店が恰好《かっこう》をつけたのでしょうね。茶漬け三杯で十万円。うちの店に茶漬けだけ食いに来るな、ということでしょうね。だいいち多摩川まで水を汲みに行かなくても、八百善くらいなら汲み置きの上等の水はあったでしょうからね。

【西】その、「かくやの漬物」ってどんなものですか。

【入口】色々な種類の漬物を細く切って醤油《しょうゆ》で味をつけるのが、かくやの漬物というのですが、特にこれが「かくやの漬物」だと、決まったものはないんですよ。

八百善クラスの高級料亭の漬物はね、初物の野菜や反対に季節はずれの珍しい野菜を使って、それを水で洗わず味醂《みりん》で洗ったり、高価な醤油で一工夫したりして客を喜ばせるわけ。

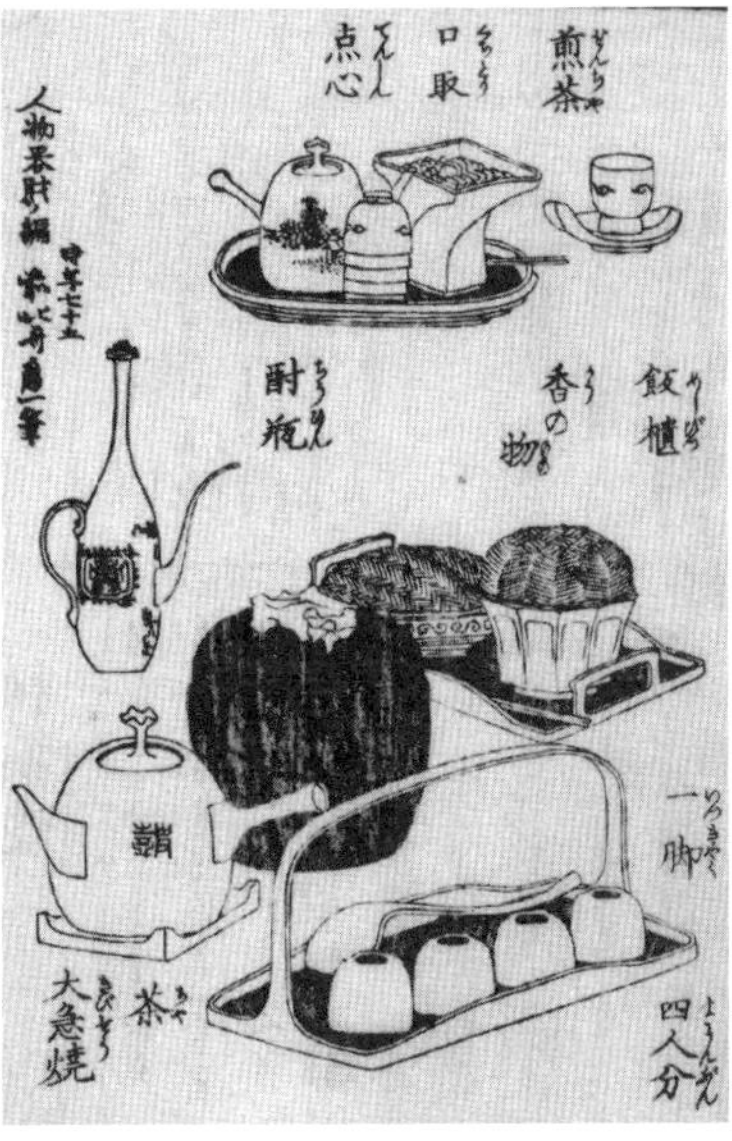

【挿絵】八百善の茶漬け＝『江戸料理通』

【西】味醂で味をつけるの？

【入口】水で洗うと辛味《からみ》が出たりすることがあるのと、味醂だと色が鮮やかに見えるからね。もちろん一味違いますしね。

【西】初物など珍しいものが江戸っ子は大好きだからね。

【入口】今はハウス栽培《さいばい》や輸入などいろいろあるから、どんな野菜だって年中食べられますが、江戸時代はそうはいかない。八百善あたりは季節を先取りして地方から野菜を取り寄せたりする。だから値段が高くても客は納得《なっとく》するわけだ。

例えばね、茄子《なす》は夏野菜の典型《てんけい》だよね。それを春先に古漬けじゃなくて、茄子《なす》の色も鮮やかな浅漬けで出して、「渥美《あつみ》半島から今朝届けさせました今年一番の茄子でございます」と能書《のうが》きをたれて出したら、贅沢《ぜいたく》に慣れた客は大喜びする。たかが茄子の漬物に一両でも二両でも出す。江戸っ子は初物を食べて、その自慢話をするのが大好きだからね。

【西】初物といったら初鰹《はつかつお》。江戸ではすごい人気だったのですね。

八百善が鰹一本を二両で仕入れたという有名な話もある。

【早川】 同じ時に歌舞伎役者の三代目中村歌右衛門が、話題の初鰹を一本三両で買って大部屋役者たちに、ごちそうして大評判になった。「負けた」と思った七代目市川團十郎は、くやしくて、生涯《しょうがい》、鰹は食べないと言ったというおまけがついていますね（笑い）。

【入口】 八百善の料理切手*は五十両だったという話もありますよ。五十両といえば今なら四、五百万円見当でしょう。そんな店で茶漬けを頼んで一両二分なら安いものだ（笑い）。

【西】 安くはないけどね（笑い）。

【入口】 それと、八百善を庇《かば》うわけじゃないけれど、料理は「料（はかり）を理（おさむる）」、「理（ことわり）に料（あたえ）する」と言って、四季や節気《せっき》、祝儀や不祝儀の膳を作るというプライドがあってね、「遊びに飽きたから茶漬けを食いに来た」という注文に、ムッときたのが本当のところかもしれませんよ。

【西】 料理人のプライド？

＊現代でいう商品券、お食事券。高級官僚への贈答に使われていたという。

【入口】今の料理人には薄くなったプライドだけどね。それがあるから日本料理は文化の仲間に入れてもらっている。

【西】うん、芸術論のようないい話だ。ところで、ちゃんとした料理の中に湯漬けはありますか。

【入口】茶懐石《ちゃかいせき》*がすぐ浮びますね。茶懐石を始める際の挨拶は、亭主《ていしゅ》*が「時分でございますので、勝手にみつくろいましたお湯漬けを差し上げます」と言います。流儀《りゅうぎ》にもよりますが、たいがい、このような挨拶です。それから、飯、汁、向附《むこうづけ》の一汁一菜《いちじゅういっさい》*の膳から始まるのだけど、最後は、流儀にかかわらず、湯桶《ゆおけ》*あるいは湯斗《ゆとう》で終わりますね。あれは飯に湯をかけて食べる湯漬けそのものですよ。ここは茶懐石に欠かせないところです。

【西】会席、懐石などの正式なコース料理にも湯漬けは組み込まれているわけですね。

【入口】会席料理でも、濃茶、お菓子の前あたりに湯漬けがありますね。分かりやすく言えば、料理の最後、デザートの前にお湯を出すわけで

*茶席に伴う料理。茶に勝たぬよう簡略をむねとした。
*亭主は茶席の主催者。
*日本料理の基本的な膳立て。飯・汁・おかず一品の膳。
*「ゆとう」ともいう。主に、茶道はゆおけ。料理はゆとう。

す。それで湯漬けにして食べる。

【早川】そう、そう。芭蕉《ばしょう》*が伊賀上野の庵《あん》に人を招いて接待した料理の最後は、酒の後に冷や飯が出ていますが、これは湯漬けにしたのでしょうか?

【入口】そうでしょう。一連の料理の後に湯漬けを出すのは、ごく普通のことでまったく違和感《いわかん》はありませんよ。

【早川】お坊さんの食事もそうですね。食事の最後は飯椀に湯を注《そそ》いで飲むでしょう。あれも湯漬けですよね。

【西】台所の隅《すみ》っこで若い下女が盗み食いをする湯漬け。会席料理の湯漬け。お坊さんの湯漬け。湯漬けはどんな形でも当時の食に欠かせないものだったのですね。

吉良上野介に元気を取り戻させたのが湯漬け。浅野内匠頭の最期《さいご》の晩餐《ばんさん》が湯漬け。これも感慨《かんがい》深いものがありますね。

*松尾芭蕉=江戸中期、俳聖といわれた俳諧師。

浅野と吉良の喧嘩の原因は

江戸城の調理場と頭取・石井治兵衛

「吉良は悪役、浅野はあわれ」。

それをシチュエイションで展開する忠臣蔵の物語。勧善懲悪《かんぜんちょうあく》でなければ仇討《あだう》ちに拍手は来ないから無理もないし、それを咎《とが》める気など更々ないのだが、こと食い物に関しては少々へそ曲がりを言わなければ本書はなりたたない。

意地悪《いじわる》な上野介を演出するためだろうが、勅使《ちょくし》接待の料理を、「精進《しょうじん》料理にしろと言った。否、本膳《ほんぜん》料理が当然だ」と押問答《おしもんどう》する有名な場面がある。それはそれで面白いのだが、どんな料理を、どんな器で、どう出すかなどは早い段階で決まっている。

この事件の年も、勅使下向《げこう》の一ヶ月以上も前の二月四日付けで通知があり、すべては伝統に則《のっと》って準備が進められていた。

それを司《つかさど》るのは石井治兵衛《じひょうえい》。徳川将軍家の御膳所《おぜんどころ》を預かる料理頭取《とうどり》である。石井は四條《しじょう》流の料理師範家《しはんけ》の家元で城内でも隠然《いんぜん》たる力を持つ男だ。

その石井と四條流の話は後でするとして、まずは伝奏屋敷《でんそうやしき》の料理場を覗く。

○

元禄十四年「松の廊下事件」の時刻、石井は伝奏屋敷の料理場にいた。

伝奏屋敷とは、今でいえば貴賓館《きひんかん》のような施設《しせつ》。江戸に来た天皇の使者や公家《くげ》を逗留《とうりゅう》させ接待《せったい》する特別な屋敷で、二千五百坪の広大なもの。江戸城和田倉《わだくら》門外にあった。

この年の勅使・院使もここに入った。また、勅使らが逗留する期間は饗応役《きょうおうやく》もこの屋敷で寝泊りすることになっている。したがって勅旨饗応役の浅野内匠頭、院使饗応役の伊達右京之助らも家来《けらい》を伴《ともな》いここに入っている。

この逗留期間の費用はすべて饗応役が負担する決まりだ。それは日に百両、十日で千両。

今なら1億円をゆうに超える金額となる。ちなみに、元禄十年の勅使饗応役を担当した稲葉能登守は千二百両を支出していた。当年の浅野内匠頭は質素倹約《しっそけんやく》をたてに七百両で抑《おさ》えようとした。これがトラブルの因《もと》との説もある。

さて、夕刻の料理の吟味《ぎんみ》のため石井治兵衛が入った料理場。

料理場はかなり広い。『御殿　御膳所《おぜんどころ》料理場　御膳部繰出《くりだ》し手長《てなが》之図』（挿絵＝日本料理大全）をみると、頭取を中心に裃《かみしも》姿の料理人が二十人ばかり。手長（膳を運ぶ役）に茶坊主、その前に、御代官《おだいかん》、御勘定《おかんじょう》が坐《すわ》っている。二人は役人だろう。

図に描《か》かれているのは裃姿の人たちだけで、水場や焼場など下働きの職人たちは省略されているが、この部署の方が人数が多いはず。料理場にはおそらく七、八十人の人がいたはずだ。面積の記載はないが、畳で換算《かんさん》すれば七、八十畳ほどなければ納《おさ》まるまい。

摺方《すりかた》、焼方《やきかた》、極方《きわめかた》、煮方《にかた》。料理人はそれぞれの持ち場で整然《せいぜん》とそれぞれの役目をこなす。平料理人とされる人が六人ほど。その一人が板頭《いたがしら》である。彼らから上の料理人たちが裃姿だ。部屋は板敷きのようだ。

上の部屋に澄《すま》し方の料理人が五人。今でいえば椀方。

そして頭取と添《そえ》（副）がいる。今の呼称なら花板《はないた》と立板《たていた》だ。料理人のランクは現在と変わりはないようだ。

挿絵にしたがって料理の流れをみると、まん中の下の戸棚の前の「極方」から食材が出ていく。

極方とは現在では馴染みのない職名だが、材料や食器の「見極め」をする担当だろう。極方の右に「焼方」「摺方」とだけ書かれているが、それぞれに十数名はいるはずだ。

袢を着た料理人が五人並ん

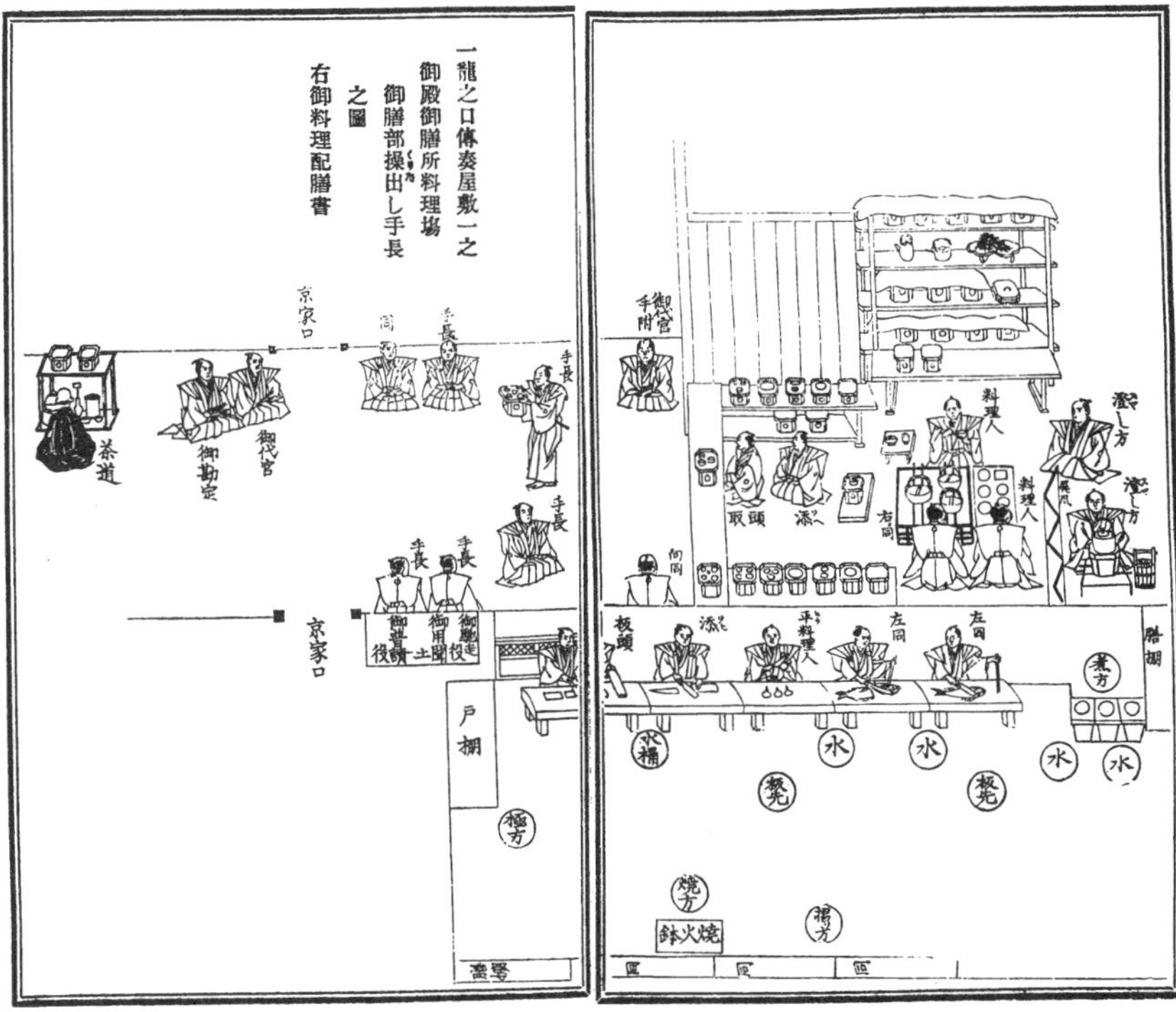

でいる。「板頭」とあるのが板場の責任者だろう。ここから庖丁を持っている。ここで魚をさばいて、焼物は焼方へ、煮物は煮方へと渡される。彼らの前に「板先」がいる。板先がさばかれた食材を各所に持って走っていたのだろう。

庖丁人の上の段から畳敷きだったようにみえる。「澄し方」が汁、吸い物を調理し、その前の料理人が盛付けをしていたようだ。上の棚には布巾《ふきん》をかけられた三方《さんぼう》がみえる。そして、三方に載せられた料理が「頭取」の所に運ばれてゆくのだ。

頭取・石井治兵衛の前に、三方に盛られた料理が置かれる。

石井の目は鋭く料理に注がれる。

庖丁の入れ方、盛り付け方、食器の位置。それらが四條流料理道の決まり通りになされているか。さらに、杉の木で作られた三方の下輪の綴《と》じ目、すなわち木の年輪《ねんりん》の向きまでチェックをする。

「よろしい。」とばかりに石井がうなずくと、手長《てなが》がその三方を目の高さに持ち、代官、勘定方の前を通り、配膳におもむく。

代官、勘定方はその名の通りの役人。手長とは膳を運ぶ人の呼称。これとて高貴の人の口に入る料理を運ぶのだから身元が確かで行儀作法を心得た者でなければ務まらない。手長は脇差《わきざし》を差している。

勅使、院使の滞在《たいざい》中の料理はあらかじめ決まっている。到着の日は御座付雑煮《ござつきぞうに》に三汁十一菜、滞在中は三汁九菜、出立《しゅったつ》の日は三汁十一菜。供の者はどの日も三汁九菜。これは夕食の膳で朝昼は別。また、御座付雑煮とは到着時に歓迎の意味を込めて出す雑煮で、紅白などの色取りを工夫する以外は特別なものではない。滞在の人数も勅使側だけでもゆうに百人は超える。三汁九菜を百人分とは毎日のことで大仕事だ。

内緒話だが、菜の数は奇数と決まっているので、香の物で数を調整する。例えば六つの料理がある時は香の物を数に入れて七菜にするわけだ。これは常套《じょうとう》手段で悪いことではない。但し、調整するのは供《とも》の者の膳で、主賓《しゅひん》の膳は手抜きはしない。まして、この日の主賓は柳原大納言、高野前中納言。石井はじめ料理方は全力でことにあたっていた。

勅使饗応料理の献立

元禄十四年三月。まさにあの日の勅使饗応の献立である。

映画や芝居では、あれやこれやと随分と、もめていたようだが、これが献立そのもの。

決まったものなので、もめる余地はない。


まず三つの三方《さんぽう》が出る。

一つには敷紙に長熨斗《のし》。一つには雑煮椀、梅干盛、田作《たづくり》盛。三番目の三方は蓋《ふた》置きである。

そこに通《かよ》いの三方が運ばれる。

上には、鯛の吸い物。お銚子《ちょうし》（酒）、鯛とからすみの肴《さかな》。

その三方がすべて片付けられ、いよいよ三汁十一菜の本膳料理となる。

　本膳は、
膾《なます》（鯛・よせ赤貝・白髭《しらひげ》大根・木耳《きくらげ》せん・栗生姜《しょうが》・金かん）。

香の物（奈良漬瓜・守口大根・粕漬茄子・味噌漬人参・味噌漬なた豆・塩山椒）。
煮物（ひらき鴨・色紙麩《ふ》・つみせり）。
汁（つみれ・しめじ茸・葉大根・薄皮牛蒡《ごぼう》・めうど）。
ご飯。

二の膳、
杉箱《すぎばこ》（結えい・花形山吹・穂くわい・広岩茸・もやし八重成《やえなり》・敷みそ）。
小桶《こおけ》（のしもみ）。
汁（鯛背切・木のめ）。
酒浸《さかびて》（塩引鮭・もみしめ貝・黒くらげ・よりかつお・山川酒）。

三の膳、
差し味（鯉子付《こいこつけ》・かき鯛・えんす・海そうめん・くねんぼ・わさび）。
煎酒。
汁（わかめ）、茶碗（花みる貝・土筆《つくし》・かけしお）。

与の膳、
向詰《むこうづめ》（小鯛・かけしお）。

五の膳、
洲浜台《すはまだい》（大坂かまぼこ・みの焼あいなめ・あんかけたいらぎ）。
平皿《ひらざら》（甘鯛ふわふわ・みの笠茸・鍵わらび）。

以上が、五の膳の三汁十一菜である。（献立の文字は原典にそった。）

これに続いて、ご飯の入ったお鉢、酒のお銚子、お吸物、酒のための肴（魚でん鯛の青串・青煮ふき）が出される。

続いて、湯斗《ゆとう》に入ったお湯、お水。そしてお菓子（朝日餅・園の梅・朧《おぼろ》まんじゅう・水栗・河茸）、濃茶・後菓子（翁糖《おきな》・舞鶴香・早わらび糖・紅葛《べにくず》せんべい・ささけかん・かすていら・源氏かや）、薄茶。

これが当日の献立のすべてである。蛇足だが、汁は、たとえ同じものだとしても、飯の時は「汁」、酒の時は「吸い物」という。

饗応の本膳料理は、前日も翌日も食材は変わっても料理の基本は変わらない。決まりに則《のっと》って料理を作る、盛る、運ぶ、提供する。出された方も決まりに則った作法で食べる。

この世界の食事は一種の儀式でもあった。

燃える火事場に仁王立ち。火消大名　内匠頭

『松雲公御夜話《しょううんこうおんやわ》』を読むまで赤穂浪士の討ち入りの時の火消装束《ひけししょうぞく》は、歌舞伎か映画の創作だと思っていた。あるいは、深夜に江戸の市中を徒党《ととう》を組んで走るのだから火消を装《よそお》うのがよしと、内蔵助が考えた戦術だと思っていた。

ところが、加賀五代藩主・前田綱紀《つなのり》の述記《じっき》であるこの本の、「浅野内匠頭殿は火消し上手として有名で、内匠頭殿の出動と聞くと、もう火事は鎮火《ちんか》するだろうと人々は口々に言ったものだ」の一文を読み、目をぱちくりさせた。

加賀藩は加賀鳶《かがとび》で知られる大名火消の大御所《おおごしょ》的存在で、その藩主が手放しで褒《ほ》めているのだから、当時、江戸では話題のことだったのだろう。

元禄の一時期、赤穂浅野家の代名詞は「火消名人」であった。それを知れば、討ち入り時の火消装束は後々の創作ではなく、吉良邸への仇討ち参上は、どうしても火消装束でなければならなかったのだ、と確信したのであった。

世界一の人口を有した江戸。密集する木造住宅。そこには竈《かまど》、行灯《あんどん》、ロウソク、線香、提灯《ちょうちん》など、むき出しの火の元があちらこちら点在し、いつどこで炎が上がっても不思議でない都市構造《こうぞう》だった。

家財産を燃え尽くす災難、火事なのだが、「火事と喧嘩は江戸の華」といわれるほど、江戸っ子は火事が好きだった。

江戸っ子の火事が好きな理由は三つ。

一つ目は、江戸っ子、つまり江戸に住む町人はたいした財産を持たない。それは近在から、いい暮らしを求めて、新しく誕生した大都会、江戸に流れ住んだ人が大多数。どう見栄《みえ》を張ろうが町人の大多数は仮住まい程度の感覚だった。それは徳川家康が来るまでの江戸は、一面の荒れ野だったことを考えれば明快だ。

「江戸っ子は宵越《よいご》しの金は持たねえ」と小気味《こきみ》良く啖呵《たんか》を切るが、はなっからそんな金は持っていない。江戸っ子のやせ我慢《がまん》なのだ。

ほとんどの江戸っ子はその日暮らし。住まいは長屋などの借家。狭くて貧乏だから高価な家財道具などはない。余分な着物も持っていない。燃えて困るものなどもとよりない。

だから火事など少しも怖くない。

二つ目は、江戸っ子の主流は職人である。今も昔も公共工事が景気を支える。そこで、大火事があると復興需要《ふっこうじゅよう》が起こる。職人の仕事が増える、景気がよくなる。だから火事が好き。仕事ほしさの放火があったというのも事実だろう。

そして三つ目。娯楽《ごらく》の少ない江戸の町に、時折、発生する火事。その火事見物は江戸っ子の大きな楽しみだった。

というのは、消火活動は現代のように水をかけて消す、という手法ではなく、延焼《えんしょう》を防ぐため、燃える物を強引に取り除く破壊《はかい》消火。ともかく派手なのである。

その有様は消火ショーだ。ショーなのだからヒーローも生まれている。そこで華々しく誕生したヒーローが浅野内匠頭であった。

『松雲公御夜話』の記述《きじゅつ》を引く。

「火事の火はきびしく、大名屋敷の長屋に焔《ほのお》は激しく吹きかけた。浅野内匠頭殿は大勢の家来《けらい》を屋根に上げ、急いで梁《はり》などを切った。火が長屋に燃え移ると、このまま引き崩《くず》したので火はここで止まった。見事なものだ」。

火が迫《せま》って来る。建物を引き崩《くず》す。火の粉は、空一面に音を立てて吹き上がる。このシーンこそ江戸の華だったのである。

続きがある。

「延焼《えんしょう》している町に内匠頭殿は出動した。ある家の母屋《おもや》の屋根に大勢で上って火の勢いを見ていたところ、母屋に続く下屋《げや》（片流れの屋根の建物）に火が燃えついた。屋根の上の者たちは危ないので降りようとした。ところが内匠頭殿は、燃え始めている下屋の屋根に先頭を切って飛び降りたのである。それを見た家来たちも、次々と飛び降りる。たちまち下屋は崩れ、火はここで止まった」。

これは町の中のことだ。大勢の見物人がいる。その江戸っ子たちから、大きな歓声が上がったろう。

「浅野内匠頭！　日本一！」。

「よっ！　日本一！」。

内匠頭はスターだった。

こんな記述もあった。

「内匠頭殿はどんな火事にも少しもひるまず、長刀を抜《ぬ》き身で持ち、家来たちを指揮《しき》していた」。

燃え盛る火事場であろうとも一目で分かる派手な大名火消の装束。その中心に仁王《におう》立ちした五万石の大名が、抜き身の長刀をかざして陣頭指揮《じんとうしき》をする。まるで歌舞伎の名場面。浅野内匠頭に人気が出ないはずはない。江戸っ子は胸を躍《おど》らせて彼を見ていた。

江戸っ子は内匠頭が大好きだった。

また、内匠頭の火事場での勇名《ゆうめい》の話は、江戸城内の将軍の前でも語られていた。

「松平日向守《ひゅうがのかみ》が（内匠頭の火事場での活躍ぶりを）、相公様《しょうこう》（将軍）と安芸守《あきのかみ》に話すのを前田綱紀が同席して聞いていた」。

との前田の記述を読めば、内匠頭の火消上手は大名旗本の間ではもちろん、徳川将軍の耳にも入っていたことがわかる。

但し、但しである。

この浅野内匠頭は長直《ながなお》。赤穂事件の主役、内匠頭長矩《ながのり》の祖父である。

長直は赤穂城を築城《ちくじょう》した当主、当人。また、多くの塩田を新たに作り、赤穂の塩業を、全国有数にまで成功させた敏腕《びんわん》な領主だった。

その城も塩田も失ったのは孫の長矩になるわけだが、双方とも赤穂城主・浅野内匠頭。一般庶民からみれば名前は一緒、似たようなもの。また、長矩も大名火消を任ぜられ、この時代は桜田門近辺の担当だったから、度々出動はしていたはずだ。

江戸っ子にとって内匠頭は、祖父でも孫でもどっちでもよかった。「浅野様は火消のヒーロー」。市中では定着した人気を保っていたはずだ。


大石内蔵助らの討ち入りが江戸庶民から支持されていたのは、おじいちゃん人気の遺産だったとみてもいい。あの、異常ともいえる「忠臣蔵の赤穂人気」。それを下支えしていたのは、江戸っ子が火事場で見た、内匠頭の雄雄《おお》しい姿だったのである。

そして、内蔵助が討ち入り当日に選んだ衣裳は火消装束。襟《えり》に良く見えるように「浅野内匠頭家来」。それを見た江戸っ子が道を開けないわけはない。また、その装束を見て大名諸藩の心も動いたのかもしれない。

討ち入りの後、江戸市中を三時間近くも誰にも妨《さまた》げられず堂々と行進できたのは、内匠頭ゆかりの火消装束のおかげとしておく。

但し、討ち入り時の火消装束は、芝居で見るような白と黒とのダンダラ山型の衣裳《いしょう》ではない。

寺坂吉右衛門の記録には、「頭巾《ずきん》は黒革筋、兜《かぶと》は八幡座《はちまんざ》（兜の上の方の部分）が三色の革、眉庇《まびさし》（兜のひさし）は猩々《しょうじょう》のような緋色《ひいろ》（黄色をおびた紅色）、吹き返しは白の羅紗《らしゃ》・かき裏惣《そう》廻りは縁《ふち》取り、忍の緒（兜の紐）は緋色のちりめん」とあるから、黒・緋色・白・黄色を交互に使って十分に派手である。まして兜は大名火消の火事兜に、はっきりと見える。

「上着は黒小袖《こそで》で家紋つき、茶色の上帯は常の帯を使い、その上に鎖《くさり》手拭いを結ぶ。股引《ももしき》は茶羽二重《はぶたえ》で裏付きで、股の間に鎖を入れる。鎖は茶色の絹《きぬ》に包んで、膝甲《ひざよろい》（ひざあてのようなもの）のように使う。脛《すね》あても絹に包んで使う。足袋《たび》は上紺《じょうこん》（足首に結ぶ）外縫いにしてつけ、陣草鞋《じんぞうり》を使う」。

鎖は絹で包み、武装を隠しているが、黒の小袖の家紋付は大名火消の定番である。

この装束の四十七人の一団が小走りに深夜の町を行き、「火消が通る！」と一声出せば誰が見ても大名火消に見えるだろう。木戸番も慌てて木戸を開けた―。辻番も敬礼をして道を開けた―。

念をおせば、大名火消は各藩により装束は違う。加賀藩のように目を見張るような華美《かび》なものもあれば、普段着《ふだんぎ》を工夫したようなものもあった。町火消のように、特に決まった服装はないので一般庶民から見て区別はつかない。

この一連、赤穂藩の伝統と評判を巧《たく》みに利用した大石内蔵助。その策略《さくりゃく》がずばりと、はまったのである。

浅野と吉良の喧嘩の原因は、実は火事

元禄十一年九月六日の江戸の大火は、武家屋敷、旗本屋敷も多く焼いた。鍛冶《かじ》橋御門内の吉良邸にも火は及び全焼した。

吉良家は呉服《ごふく》橋に転居することとなり、そこで屋敷を新築した。この新築資金は約二万五千五百両。この膨大《ぼうだい》な資金は上杉家からの援助だった。この時ばかりでなく吉良家の華麗《かれい》なる生活を支えていたのは上杉家であった。

どれくらい華麗なのか、目に見えるものだけで考えてみる。

本所松坂町の吉良邸には、およそ百五十名もの侍がいたことは諸文献で明らかだ。女中や小者もいたから二百人近い人間を養っていたわけだ。むろん、半数は上杉の家臣だろうが、いずれにしても、吉良の禄高《ろくだか》は四千二百石。高家肝煎《きもいり》の御役料がこの他に千石あったとしても、そんな禄高で養える人数ではとてもない。

大石内蔵助は千五百石。高家旗本と地方大名の家老との違いはあろうが、収入だけ比べれば、四対一ほどの違いしかない。大石家の家来は瀬尾孫左衛門ら三、四名のはず。小者や下女を入れても十名までだろう。赤穂藩五万石をみても家臣の数は三百人。これですら多いと言われていたほどだ。

だから、吉良の所帯《しょたい》は不自然なほど大きすぎる。

この大きすぎる差額は上杉家が負担していた。これは上杉家の当主、上杉綱憲《つなのり》が上野介の実子だからで、日常的には綱憲の実母、富子（上野介の妻）に五千石、上野介にも一千石を支給していた。

それに加えて、この近年、吉良家が二千七百八十両もの借金を十数件の商人からしていたのを、上杉家がしぶしぶだが、肩代わりしていたこともわかっている。

禄高は四千二百石だが源氏の流れをくむ名家で高家筆頭という立場。禄高以上の生活や付き合いが必要だったのだろう。その点は同情はする。

それにしても、かわいそうなのは、たかられっぱなしの上杉家。それも家臣たちだ。

「上杉綱勝《つなかつ》が亡くなった時、藩庫《はんこ》には六万両があったが、上杉綱憲の時代にはほとんど空っぽだった。上杉家の家臣たちは〝吉良殿の強欲《ごうよく》によって御家が傾《かたむ》く〟と嘆《なげ》いていた」という。

元禄十二年一月に千坂兵部《ちさかひょうぶ》が上杉家江戸家老を辞任している。あの大火から三ケ月後のことだ。

「殿!、吉良様がいかにお父上であられようとも、二万五千両もの大金を、お出しするわけにはゆきません。上杉家が潰《つぶ》れてしまいます」

「うるさい! 余の父上のためじゃ。工面《くめん》いたせ!」

「家老としてそれはできません。千坂兵部は隠居《いんきょ》させていただきます!」。

そんな、ひと悶着《もんちゃく》が上杉上屋敷であったのが、この月である。——そう考えても、あながち邪推《じゃすい》ではあるまい。

千坂は退任して国許《くにもと》へ帰り、隠居してしまった。

後任は色部《いろべ》又四郎。色部は、赤穂浪士討ち入りの時、吉良邸へ軍勢を率《ひき》いて向わんとする綱憲の槍先で、「殿っ！上杉家を潰すおつもりか！」と両手を広げて立ちはだかった名場面の主役だ。その場面は映画の創作としても、色部の心は〝吉良家なんか潰れてしまえ〟であったことは断言できる。

吉良邸新築資金二万五千五百両を払い出したのは色部が江戸家老就任の頃。色部が決断してのことだったはず。そのやりくりの苦労は推《お》して余りある。

吉良の際限《さいげん》ない要求に、ほとほと困り果てていた江戸家老、色部であった。


吉良家の呉服橋邸の建築費用はどんなものだろう。

他所を探してみると、長州萩藩《ちょうしゅうはぎ》の史料があった。

明和九年の大火で全焼した萩藩、桜田上屋敷の七百十九坪余、新橋中屋敷の八百十九坪、麻布《あざぶ》下屋敷の四千六百三十坪余の新築工事である。工事費は二万七千八十一両。時代は新しいが、江戸中期の武家屋敷の新築費用だから参考になる。

呉服橋の吉良邸は二千四百坪で二万五千五百両。萩藩の屋敷は三ケ所で六千百坪で二万七千両。単純に割算をすれば、吉良邸の坪単価は約十両。萩藩邸の坪単価は約四両となる。単純計算に問題もあろうが、ともあれ吉良邸は萩藩邸の倍以上の経費をかけていることは間違いない。さらに萩藩邸は三つの屋敷、吉良邸の方は一つだからその割合はもっと大きくなるはずだ。

萩藩は三十七万石の大大名だが、吉良家は二千四百石の旗本。しかし大大名に倍する立派な屋敷を建てていたわけだ。

こんな資金が上杉家の金蔵《かねぐら》から出ていたのだから、たまったものではない。金蔵は痩《や》せるばかりだった。そして、何もかも吉良のせいにするわけではないが、「上杉謙信《けんしん》以来の名門」もだんだん痩せ細っていったのである。

このままでは名門上杉も天下から忘れ去られるとみえたが、運命は皮肉なもの、しょんぼりばかりではなかった。

それより五十数年の後、疲弊《ひへい》しつくした上杉藩の経済を立派に立て直し、江戸時代きっての名君といわれた上杉鷹山《ようざん》（治憲《はるのり》）が出現した。

鷹山は藩財政を見事に立て直したばかりでなく、画期的《かっきてき》なその手法は天下の注目を集めた。評判は遠くアメリカまで届き、あのケネディが大統領に就任した時の記者会見で、「日本で一番尊敬している政治家は上杉鷹山」と言わしめたほどであった。

鷹山が現れなければ上杉家はただの貧乏大名で終ったろう。しかし「謙信以来の名門」の名声を取り戻すことに成功し、世界に知られる上杉家となったのである。

これは上杉鷹山のおかげでもあるが、上杉家を貧乏にさせた吉良上野介のおかげ…。

誤解をしてはいけない。筆者は上野介をいたずらに揶揄《やゆ》しているわけではない。事実を掘り出し真実を知ろうとしているだけだ。その一つに吉良家の際立った財政的窮乏《きゅうぼう》があったとみている。

浅野家にも問題は多い。勅使饗応役を受けた以上、万難《ばんなん》を排《はい》し役目を全《まっと》うするのが当然だが、かなりのわがままもみえる。

内匠頭が言ったという。

「近年、何事も華美になっている。勅使饗応もだんだん費用が多くなっている。これではいけない」。

そして内匠頭は元禄十年には千二百両かかっていた費用を、「七百両にする」と自分で決めてしまった。

言い分はもっともだが内匠頭が公的行事の予算をいきなり六割に減じてしまう権限はあったのかどうか。それを聞いた周囲の幕臣たちはどう思ったのだろう。直接儀式を指導する上野介ら高家筋は唖然《あぜん》としたことだろう。

三田村鳶魚《えんぎょ》（江戸文化研究家）によれば、「指導を受ける高家には金一枚を贈る仕来たりがあったが、浅野はこれをしなかった」という。ならば当初から内匠頭は「そんなもの払うものか」の喧嘩腰だったとみられても仕方がない。

金一枚とは大判一枚、すなわち十両。元禄大判なら値打ちは低く七両ほど。現代にして五、六十万円ほどだ。これを倹約《けんやく》した代償《だいしょう》は内匠頭にすれば大きかった。

付け加えるが、当時は贈賄《ぞうわい》、収賄《しゅうわい》という罪はなく日常の行為だった。例えば、大名が参勤交代で江戸に来た折は、目付など関係役所や町奉行所などに、江戸在中はよろしくと金子を届ける。国許に帰る折は、留守中はよろしくと金子を届ける。付け届けの金額は小役人には幾ら、目付クラスには幾らと決まっていたという。

日常行為がこれだから、何かを「お願いする」時に金銭を贈るのは当然の行為だった。当然の挨拶《あいさつ》（付け届け）がないとなれば、ご機嫌《きげん》が悪くなるのは何も上野介だけではない。まして近年、火事で家屋敷を焼かれ、自慢の書画、茶道具も失った頃の上野介だったから、しっぺ返しも激しかった――。そうみるのである。

元禄十四年ごろ、上野介は呉服橋の吉良邸の新築工事や借金の肩代わりなどで上杉家から三万両以上の借財があったことは、今、書いた。

元禄十一年九月に鍛治橋を焼け出され、直ちに新築工事を呉服橋で始めても二千四百坪の屋敷である。少なくても二年はかかろう。

元禄十三年暮から翌十四年春ごろが新屋敷の完成の頃だろうか。何かと物入りの多い時期だ。それに、いかに親子とはいえ巨額の金。貰いっぱなしというわけにはいくまい。まして上杉家と吉良家との貸借だ。返済の約束もそれなりにあったとみて当然だ。

上野介はイライラが重なる頃だった。「火事さえなければ…」の気持ちもあった。

そんな時、上野介は勅使饗応役となった内匠頭と度々接触《せっしょく》することとなる。挨拶（付届け）も欠く内匠頭に対し、機嫌の良くない上野介は、強烈《きょうれつ》な皮肉《ひにく》の一つも言いたくなっていた。

「おう、浅野殿。浅野殿は火消の名人。先の大火の折は神田御門の御当番。神田御門辺りは軒並みの焼け野原。火消がしっかりしていれば方々のお屋敷は、ずいぶんと守れたものを。火消名人の浅野殿は寝間でお女郎の火消でもされていたか、おっと、これは言い過ぎた、アッハッハッハ…」

と声では笑うが、目はしっかりと見開いて上野介は嫌味《いやみ》を言う。

返事も出来ず睨《にら》み返す内匠頭。

そこで上野介、

「さよう、さよう。火消名人は同じ浅野殿でも長直殿じゃった。長矩殿では、とても、とても長直殿の真似《まね》もできまい。火消の鳶《とび》が鷹《たか》を産んだならよろしいが、鳶がアヒルを産んだ、そうじゃ、そうじゃ、空を飛べないアヒルじゃ、アヒルじゃ。屋根《やね》にも上れぬアヒル火消じゃ」。

それを聞いて内匠頭、前後の見境《みさかい》もつかなくなり、

「待て、上野介！」と小さ刀を抜き、斬りかかった！

吉良と浅野の喧嘩の原因は、「賄賂《わいろ》説」、「あぐりの横恋慕《よこれんぼ》説」、「塩業《えんぎょう》の説」、「柳沢吉保《やなぎさわよしやす》の陰謀《いんぼう》説」、「美男小姓《こしょう》の取り合い説」など、様々あって面白いが、この「火消説」が仲間に入っても遜色《そんしょく》ないと思うが、いかがかな。

内蔵助の放蕩

昼行灯《ひるあんどん》が照らす暗夜《あんや》の細き道

浅野家が断絶《だんぜつ》され、赤穂城が明け渡された。元禄十四年四月十八日のこと。明け渡しの終った赤穂城大手門の傍に立て札が立てられた。

「浅野家の家臣は三十日以内に赤穂城下から立ち退くべし」。

同時に、家臣たちに与えられていた家屋敷も引き上げられた。家屋敷は藩よりの貸与物であるから抗《あらが》いようもない。

三百人の赤穂藩士は職も家も一気に失い、文字通り、浪々の身となったのである。

幸いにもこの年の切米《きりまい》（給金）は全額支給された。さらに割符金《かんぷきん》（退職一時金）も出た。割符金は馬廻以上（中級以上）の武士には百石につき十八両、中小姓組（下級武士の上位クラス）には十四両、歩行組ら下級武士には身分に応じ五両から十一両が支給された。当時の一両は現在の八万円から十万円と考えればいい。だから、割符金は大した額ではない。赤穂藩の中堅藩士でも百万円から二百万円、下級武士にいたっては五十万円もあるなしの退職金。それを懐《ふところ》に、住み慣れた赤穂を離れて行ったのである。

内蔵助は遠戚《えんせき》の紹介で京都、山科《やましな》に移り住んだ。仮の名を池田久右衛門とした。母方の名である。家と田畑を買い、晴耕雨読《せいこううどく》の生活なら正攻法だが、なんと内蔵助のとった行動は遊郭通いの贅沢三昧《ぜいたくざんまい》。それも遊郭で「浮様《うきさま》」と呼ばれるほど派手なものであった。

これを仇討ちの有無を探る吉良の間者《かんじゃ》（スパイ）の目をあざむくためのものと見るか、本人がもともと好きだったからと見るか。まあ、本書の場合はどっちでもいい。内蔵助の遊び振りと当時の色街事情、それと食膳の中身だけに目を向ける。

その前に、『土芥寇讎記《どかいこうしょうき》』をのぞく。

この本は元禄時代の中ごろに書かれたもので、幕府の隠密《おんみつ》が諸藩の大名などの行状《ぎょうじょう》を、密《ひそ》かに調べたものといわれるが確証はない。

但し、内容はかなり具体的で面白い。採り方で如何《いか》ようにも解釈できるが、案外、隠れた公文書かもしれない。また、学問的には全くといえるほど考証《こうしょう》は成《な》されていないようだから注意は必要だが、歴史学の本流から外れた史料で知らない人も多いようなので少しだけふれてみる。

そこに赤穂・浅野の記述がある。

長矩、智有テ利発也。家民ノ仕置モヨロシキ故ニ、士モ百姓モ豊也。女色好事、切也。故ニ奸曲ノ諂イ者、主君ノ好ム所ニ随テ、色能キ婦人ヲ捜シ求テ出ス輩、出頭立身ス。況ヤ、女縁ノ輩、時ヲ得テ禄ヲ貪リ、金銀ニ飽ク者多シ。昼夜閨門ニ有テ戯レ、政道ハ幼少ノ時ヨリ成長ノ今ニ至テ、家老之心ニ任ス。

要所だけ読む。

長矩(内匠頭)は知恵があり頭も良い。行政も良い。だから、武士も百姓も豊かだ。しかし、女色を好み過ぎる。これに取り入った家来たちが、主君好みの美人を探して来て差し出す。そんな輩《やから》が立身出世している。長矩は、そんな女の縁者《えんじゃ》には甘く、縁者たちは禄《ろく》をむさぼり、金銀にまみれる。長矩は、昼夜、閨房《けいぼう》（寝室）で女とたわむれ、政道は幼少の時より成長の今に至るまで、家老に任せっきりである。

つまり、「良い殿様で力量もあるが女好きだ。女にはとても甘く、仕事は家老に任せて昼夜を問わず女と寝所で戯《たわむ》れている」とあるわけだ。

また、『土芥寇讎記』には、本文から視点《してん》を変えて考察する「謳歌評説《おうかひょうせつ》」という別評がある。それを要約すると、「長矩の行跡は本文にない。文武についての話もない。故に、論評はできない。ただ女色にふけるの難のみを挙げている。淫乱無道《いんらんむどう》は国を傾け、家を滅ぼすので慎《つつし》むべきだ」。

そして、「そんな若年の主君を諫《いさ》めない家老は不忠《ふちゅう》の臣《しん》（家来）だ」としている。

すなわち、徳川隠密の探ったところによると（?）、浅野内匠頭は女遊びばかりしている。大石内蔵助はそれを注意もできないダメ家老だ。と言っているわけだ。

ちょっと二人の肩を持てば、「昼夜を問わず女と寝所にいる内匠頭」なら、どれかの女性に子が出来てもよさそうなものだ。ところが内匠頭には子がない。跡目《あとめ》には弟の浅野大学を指名している。これとて本意ではなかろう。できれば自分の嫡子《ちゃくし》に家を継がせたい。だから子がほしい。そしてせっせと「昼も夜も寝所」で子作りに励む――。

これも家督《かとく》を守る藩主の仕事。ならば内匠頭は仕事熱心の殿様になる…。

内蔵助にしても、そちらの仕事に熱心な主君を横目に、「士も百姓も豊か」にしているのだから名家老だろう。

まあ、信ずるかどうかは別にして当時、芳《かんば》しくない論評のあった二人である。

さて、そんな内蔵助が山科に居を構えたのは元禄十四年六月二十八日。松の廊下より三ヶ月少々、赤穂城開城より二ヶ月と少し。彼にとっては山科に閑居《かんきょ》するまでのその三ヶ月が、実に長い長いものであったはずだ。

赤穂藩除封《じょふう》（幕府に没収《ぼっしゅう》される）による城下混乱の防止。藩札《はんさつ》交換や藩の資産の処分・管理。藩士、領民の暮しの手当て。浅野家再興の模索《もさく》。仇討ちを急ぐ堀部安兵衛ら急進派《きゅうしんは》の抑制《よくせい》。

二ヶ月や三ヶ月で出来る仕事ではないが、ともあれ内蔵助はやり切った。

この期間は城下から少し離れた尾崎村、と言っても千種川《ちくさがわ》の対岸で赤穂城が見えるような距離だが、そこに仮住まいを設け、これらの指揮を執《と》っていた。

その折、腕に腫《は》れ物が出来て病気だと言って滞在《たいざい》を伸ばしていた。また、それを理由に堀部安兵衛ら江戸急進派との面会を断っている。こんなもの仮病《けびょう》に決まっている。腕の腫れ物くらいで寝込んでいる時期ではない。内蔵助は少しでも時間が欲しかったのだ。

残務整理の時間稼ぎ。幕府や浅野本家の動向を見る。吉良の動静の観察。同志の行動の観察。

あらゆる動きが凝縮《ぎょうしゅく》された元禄十四年三月から六月までの期間こそ、これぞ忠臣蔵の序章なのである。

灯《とも》っているかどうかわからぬ喩《たと》えから昼行灯《ひるあんどん》と仇名された内蔵助だが、先の見えぬ暗い展開になったこの時、赤穂の領民や藩士たちに進むべき道をこうこうと照らす行灯《あんどん》となったのであった。

藩札の素早い交換で領民の不安を和らげる。

有無を言わせぬ開城。

それらに加え、藩士たちへの割符金の分配率を、上に薄く下に厚くしたことはさらに瞠目《どうもく》できる。平時ならいざしらず、明日は霧散《むさん》する下級藩士に厚い手当てをすることは考えにくいこと。発言の場さえない下級の者への気づかい。これは内蔵助のやさしさそのものしかない。なお、内蔵助は割符金の受取りを辞退している。分配率に不満を言う上級藩士に「俺が貰わないのだから文句を言うな」の姿勢だったのであろう。

昼行灯どころか敏腕な行政マンであり経営者であり、部下へのやさしさも持ち合わせる内蔵助の真髄《しんずい》は、この赤穂除封の一連の始末をみればよくわかる。

ひと仕事を終えた内蔵助は山科に入った。

京・山科を選んだのも内蔵助らしい。

京は天皇の都である。京都所司代《しょしだい》や遠国奉行《おんごくぶぎょう》など幕府が統治《とうち》する形だが天皇を無視できぬ土地柄だ。それは他の国より幕府の力が弱い土地であることにもなる。敵の力の弱いところの方が隠れる者は棲みやすい。まして山科の地には天皇のための農地、禁裏御料地《きんりごりょうち》があって幕府の役人には踏み込みにくいところといえる。

それに山科は東海道沿いの街道街。大坂と伏見《ふしみ》、大津を結ぶ要所で移動に都合がよいばかりでなく、街道には他国の人間の行き来も多い。すなわち同志たちの行き来も目立ちにくい。

さらに山科は、山林が多い田舎という先入観があるが当たっていない。街道街独特の賑わいもあり色街もある。すぐお隣は伏見宿、伏見は京都を代表する繁華街だ。

山科は人の動きのある意外に都会的な環境だったのである。

ちなみに内蔵助の家は閑居《かんきょ》と表されることが多いが、買った家は地方の豪族の屋敷跡。豪族の屋敷といいえば言い換えれば城砦《じょうさい》。むろん、そんな仰々《ぎょうぎょう》しいものではないが、かなり大きな屋敷であったはずだ。

京一帯に移り棲《す》んだ赤穂浪士は内蔵助だけではない。京都には二十一名、うち大高源五、小野寺十内《じゅうない》ら八名が討ち入りに参加。大坂には八名、原惣右衛門《そうえもん》ら三名が討ち入りに。伏見には十名、菅谷半之丞《はんのじょう》が残った。

このように京一帯には内蔵助を含む四十四名の旧藩士が棲《す》み、うち十六名が討ち入りまで残っている。江戸屋敷勤務を除く半分が京の大石の近辺にいたわけだ。

ちなみに討ち入り参加者のこの時の隠遁《いんとん》場所は、京都近辺が十六名、江戸が十七名、赤穂が六名、加東郡《かとうごうり》（播磨《はりま》＝兵庫県）が六名、不明が二名の計四十七名である。

内蔵助の好きな色街、お好みは？

さて、山科の生活が始まった内蔵助。もとより主君ゆずりで女好きの内蔵助である。であるう、と断言していいのかい、と言う向きもあるだろうが、さあ、お立会い！　これから語る様々な行状《ぎょうじょう》からみて内蔵助の女好きは筋金入りである、と思う…。

そして夜な夜なの花街通いが始まったのである。

転居間もなく遊び始めたのか、しばらくはおとなしくしていたのかは分からないが、内蔵助の笑い声が頻繁《ひんぱん》に聞こえたのは伏見の撞木町《しゅもくちょう》の遊郭《ゆうかく》。撞木町は山科の家から直線ならば三キロほど、曲がりくねった田舎道でも四、五キロだろうか。駕籠《かご》で一時間ほどの道のりである。

撞木町は伏見の大きな色街だが、上等の遊女がいないので知られる街だ。内蔵助は辞めたとはいえ千五百石の高禄《こうろく》取り。身分も金もあるちょっとしたお殿様。このクラスの男が遊ぶ街ではない。

こんな噂がこの街あった。

「上の女はいないが、下なら、いくら下でもいる」。

すなわち、値段の高い、いい女は探してもいないが、安い方ならいくら下でもいると言うわけだ。

また、この街の女郎を太夫と揶揄《やゆ》して、「撞木町には白魚太夫《しらうおたゆう》」と嘲笑《ちょうしょう》している。白魚は篭に盛って売っているのだが、中の魚より篭の方が高い、すなわち、撞木町は女郎の値段よりそこに通う駕篭賃《かごちん》の方が高いという意味だ。

そんな上等とは程遠い色街・撞木町が内蔵助のお気に入りだった。

足しげく通った店は「笹屋」と「万屋《よろずや》」。後に浄瑠璃《じょうるり》の名場面となり、世に知られる「祇園《ぎおん》、一力茶屋《いちりきちゃや》の放蕩絵巻《ほうとうえまき》」は、この万屋の「万」の字を、故意か偶然か、「一」と「力」に分けて「一力」にかこつけたと聞いた。

ヒーロー内蔵助なのだから、芸妓《げいこ》・舞妓《まいこ》をあげて華やかに祇園でも遊んでもらいたいものだが、この頃の祇園は花街というより八坂神社の門前の参拝客相手の茶店街だったという。宣伝上手の祇園が後に「内蔵助ゆかり」を編み出したようだ。

当時、京の都の最大の花街は島原。内蔵助はここへは行っているが馴染みだったことはないようだ。島原は撞木町と違い、芸や教養にも秀でた「太夫《たゆう》」がいる格式の高い遊郭。

内蔵助はこんな気位の高い所はお気に召さなかったようだ。その証拠に江戸に行った折も吉原遊郭には足を踏み入れていないようだ。

江戸で内蔵助がどんな色街に通ったかというと赤坂裏伝馬町。ここには比丘尼《びくに》がいるので知られた街だ。ここの山城屋一学という十八歳になる比丘尼に通っていたという。比丘尼《びくに》とは、尼僧が生活に困り身を売ったことに始まる尼さんの売春。もしくは尼さんのふりをした遊女の売春スタイルとでも言っておけばお分かりだろう。

元々は美しくも哀れな声で物語を唄いながら地獄絵図を売り歩く若い尼さんだったが、食べ物にも事欠くようになったのであろう、いつか身を売るようになってしまった。

念のため書き添えるが、昔の寺社は貧しかった。時の権力や大店の旦那を持った寺院や神社でない限り、食べるのがいっぱいだったのが村々にある普通の寺社である。現在の、高級車を乗り回すような裕福な寺社を連想してはいけない。

当時の修行僧が日常的に行っていたのが〝托鉢《たくはつ》〟。町を回り、民家の門に立って米や金を乞《こ》う托鉢も、崇高《すうこう》な宗教活動の一環ではあるが、〝物乞い〟に酷似《こくじ》する。それほど貧しかったのが当時の僧とみても間違いではない。そんな立場の尼さんも人間、ひもじさのあまり止む無く…は責められない。

ところが、珍しさもあり思わぬ人気が出た。その人気をプロ連中がほうっておくわけはない、ニセ尼さんやエセ比丘尼、プロ、アマ入り乱れての、ちょっとしたブームにもなったのである。江戸では、「比丘好《びく》き」という言葉さえ生まれたという。

内蔵助は京都なら「上の女より下ばっかり」の撞木町。江戸に来るとこれも下賎《げせん》といえる比丘尼買い。遊女のスターといえる花魁《おいらん》や太夫には興味を示さず、普通、それ以下の遊女がお好みだったわけだ。

「内蔵助は女好きである。」と言い切った訳がここにある。

お金がもったいないから高い店を敬遠した?

とんでもない。大石家は代々続く赤穂の城代家老。禄高《ろくだか》は千五百石。つまり公四・民六のルールとしても彼の取り分は約六百石。現代に置き直すと凡《およ》そ七千万円。月給にして手取り六百万円ほどだ。多少の金品を惜しむレベルではないし、それなりの蓄えもあったろう。また、退職割符金の受け取りを辞退したことからみても金銭に特段の執着《しゅうちゃく》はない男とみていい。俗に言う、金離れのいい男だったとみる。

加えて内蔵助は、赤穂を出るとき浅野家再興の運動資金の名目で、討ち入り軍資金を七百両ほど預かっている。この収支は『預置候金銀請払帳《あずけおきそうろうきんぎんうけはらいちょう》』に細かく記されていて、遊興費など私的使用はないのだが、当時、彼には自由になる大金があった。

でも、安いものを買っている。それが好みだったとしか言いようはなかろう。

但し、但しである。内蔵助の妻りくの手紙が豊岡の実家に残っていた。内容は、「ご主人様の遊びが激しく……」と、金子《きんす》を無心するものという。実際に金銭に困っていたのか、それとも親に愚痴《ぐち》を告げて内蔵助の乱行を諫《いさ》めてもらいたいと考えたのか、あるいは、放蕩三昧を世に宣伝する高等戦術だったのか。いや実は、内蔵助は遊びに貯金や公金を使うことはせず、いつも家の金を持ち出して妻を困らせていたのか…。

また、これも書いておく。

一年少々と短い山科生活なのだが、その間にも内蔵助は妾《めかけ》を持ち、子も出来た。その子は男の子で討ち入り後に生まれている。妾は京二条通寺町の二文字屋《にもんじや》次郎左衛門の娘可留《かる》。有名な戯作、お軽のモデルとなった美女である。

討ち入り前に内蔵助は京都大西坊の住職に手紙を出し、「寺井玄渓《げんけい》（赤穂藩の医者）に多少の金銀を届けさせる。可留とその子のことは、何なりと玄渓に相談してくれ」と世話を頼んでいる。この時内蔵助四十四歳、可留十八歳。

内蔵助は何かと謎の多い男である。

内蔵助と彦根の牛肉

女にも変わった好みを持つ内蔵助だが、食の方もどうやら素直ではない。

四條流関係の随筆的な本に、「大石は牛肉の味噌漬けが好き」との記載があった。こと細かく書かれていないところをみると、これは知られたことだったようだ。

内蔵助は江戸の堀部弥兵衛（安兵衛の父）に彦根の黄牛《あめうし》の味噌漬けを贈っている。

そこには、「しかるべき方より内々到来にまかせ進上いたし候　彦根之産　黄牛の味噌漬養老品《ようろうひん》故其許《そのもと》には重畳《ちょうじょう》かと存候　倅《せがれ》主税《ちから》などにまいらせ候と　かえって悪かるべし大笑　大笑」との手紙が添えられていた。

この手紙から幾つかのことが読み取れる。

一つは、山科に隠遁《いんとん》する内蔵助に牛肉を内々に贈ってくれる人がいたこと。

一つは、若い主税に食べさせると精力がつきすぎると笑うほど、滋養の効果を知っていたこと。

一つは、この時七十六歳の弥兵衛でも食べられる物で、また、弥兵衛はこれまで何度も食べていて、調理法などの注釈が不要なほど慣れた食べ物だったことなどだ。

もう一つ。この手紙は五代将軍綱吉の時代、『生類憐れみの令』の時代だ。牛だって立派な生類だから規制の範疇《はんちゅう》にあったはず。この法律は既に形骸化していたとみえる。また、幕府の目を恐れる立場の内蔵助でも堂々と江戸に牛肉を送っているのだから、もはや牛肉は禁制品《きんせいひん》でなく普通に流通できる物だったこともわかる。

この堀部弥兵衛への手紙だが、字面《じづら》以外のメッセージもあったと読む。

討ち入り急進派の最先鋒《さいせんぽう》は堀部安兵衛。彼を抑えられるのは養父弥兵衛しかない。この頃、内蔵助は安兵衛の抜け駆けを最も恐れていた。牛肉は高齢の弥兵衛の健康を気遣いながら、「主税などにまいらせ候と　かえって悪かるべし　大笑　大笑」と余分なことを書いている。

ここは主税の部分を安兵衛に置き換え、そのコントロールを頼んでいると読めてならない。

ならば、「しかるべき方より内々到来に」は、「しかるべき方＝吉良邸」と読み、「内々到来＝内緒の日が来る」「進上＝参上」。すなわち、「吉良邸討ち入りの日は近々やって来るので、安兵衛が頑張りすぎるとかえって悪かるべし」となるわけだ。

和歌など文芸の教養に長《た》ける彼らにとって、これは常識的な掛詞《かけことば》だったとみる。近江牛の味噌漬けは討ち入りに一役買っていたのだ。大笑、大笑。

内蔵助と食い物がはっきりと出てくるのが、浄瑠璃《じょうるり》や歌舞伎《かぶき》「仮名手本《かなでほん》忠臣蔵」の一幕である。

遊郭で遊ぶ内蔵助の酒の膳に蛸《たこ》がある。

勧《すす》められるまま蛸を口に運ぼうとする内蔵助。

その手を抑えて斧九太夫《おのくだゆう》（大野九郎兵衛《くろべい》のパロディー）。吉良側の手先で内蔵助に仇討ちの意思があるか探りに来た設定）が、

「今日は主君の逮夜《たいや》、それでも食うか」

と言う。逮夜とは命日の前日で、生臭い物は口にしないのが普通。内蔵助の本心を探るシーンだ。

内蔵助は、

「主君は蛸にでもなられたか」

と平然と蛸を口にする。あきれる九太夫。

そして内蔵助は、

「こんなものでは酒は呑めぬ。鳥の鍋やきでもして呑み直そう」

と女たちを引き連れ、奥の座敷に入ってゆく。そして、唄や鳴り物が賑やかに一同を送り出す名場面だ。

これでわかるのは、内蔵助は「蛸より鳥の鍋が好き」ということ。また、「料理屋には日常的に鳥を用意している」ことだ。

元禄十五年十二月十四日、即ち、討ち入りの日の津山藩江戸藩邸の日記がある。

天候は雪。江戸藩邸では、例年の通りに煤《すす》払いを済ませ、上納米の件で世話になっている御蔵衆《おくらしゅう》の小林又左衛門に鴨を贈ったとの記述があった。大名家の歳暮の品が鴨であったわけだ。

元禄十四年の例の刃傷事件の時の勅使饗応の料理に「ひらき鴨」が煮物で出ている。

これが禁制品なら料理長・石井治兵衛は切腹ものだ。将軍家伝奏屋敷ではご禁制の鴨を調理して、大納言に食べさせていることになる。

元禄になる一年前の貞享《じょうきょう》四年に発布《はっぷ》された「鶏や貝類も含む魚鳥類食料禁止」の『生類憐れみの令』は、どうやらこの頃には形だけのものとなっていたようだ。

さて内蔵助が、「呑み直す席」で食った鳥は、どんな鳥だか不明だが、女も食い物もゲテモノ食いの傾向があった彼のことだ、鳥は鳥にあらず、鹿か猪、あるいは牛肉だったかもしれない。

「鳥の鍋やき」とは何？

【西】 内蔵助の食べた「鳥の鍋やき」の鳥は何だろう。

【入口】 素直にとれば雉《きじ》だろうね。あの時代、料理人が鳥といえば雉のこと。

【早川】そうですね。正月に雉を贈る習慣もあったようですね。贈り先の数だけ雉が手に入らず困ったという話もありましたよ。

【入口】季節が春先ならば鴨《かも》もあるかな。琵琶湖近辺では鴨がよく獲《と》れた。

【西】「鍋やき」は、まさか焼き鳥じゃないでしょうから、水炊きか味噌煮でしょうかね。

【入口】現代の鍋料理を連想したら間違いますよ。鍋は座敷に持ち込んだりしない。内蔵助の食べた「鍋やき」は、調理場で煮物として料理したか、あるいは、鋤焼《すきや》きといわれる鋤を連想する鉄鍋か鉄板で焼いたものでしょう。それをお椀に盛って座敷に出したものでしょうね。味付けは味噌か醤油でしょう。

【西】そうか、「鳥の鍋」と言っても、今の鍋料理をイメージしちゃいけないのか。

【入口】座敷に鍋が出てくるのはずっと後。江戸も後期かな。明治まで、なかったかもしれない。湯豆腐屋とかおでん屋が江戸後期には出来たけど、座敷では食べなかった。京都の湯豆腐も外で食べているでしょ。おでんだって皿に盛って食卓に出るでしょう。鍋ごとは出て来ない。今の寄せ鍋や水炊きのように鍋ごと食卓にのぼるのは、牛のすき焼き鍋以降かもしれない。現在は茶懐石にも小鍋を出すこともあるけど昔はありえないことだ。

【早川】 そうですね。平安の昔から煮炊きは調理場、食卓は座敷とはっきり分けられていますよね。まして調理しながら食べるなんて考えもできない時代だったはずですよね。

【西】 内蔵助が牛肉が好きだったことは証拠もあるから問題ないとして、猪や鹿なども食べたのでしょうね。

【早川】 牛が美味ければ、鹿はどうだろう。では猪の肉も食べてみようか、という具合に、人間の食への欲望は果てしないはずですよね。調理方法だって進化するでしょうし。

【入口】 加熱した方が獣肉《じゅうにく》は、はるかに美味い。それもただ焼くだけでなくいろいろと工夫をするようになった。日本の話ですよ。肉の旨みを野菜や豆腐などの具に受ける、すき焼きなどの調理法は日本料理の手法があったからできたと思いますよ。家庭料理の肉じゃがもそうですよね。料理によって肉の切り方も変えるでしょう。スライスする。細切りにする。ミンチにする。肉の部位と付け合せの具材を考えて切る——。

【西】西洋のように、ぐさっと切って焼くだけ、味はワインをぶっかけるだけの大雑把《おおざっぱ》な料理じゃいけないと言いたいわけだ。

【入口】私の口からは言いにくいけどね（笑い）。

【早川】肉料理の始まりは、やはり焼いて？

【入口】「農具の鋤《すき》で肉を焼いたのが始まり」と私は教室で分かったようなことを言っていますが、ぜんぜん自信がない（笑い）。いい加減な先生だけど、何か言わなきゃいけないのでね——。わかるでしょ、早川先生も。

【早川】わかりますとも（笑い）。

【西】ともあれ江戸期には獣肉は何でも食べていたようですね。新宿の三栄町遺跡《いせき》*や坂町遺跡*から出土《しゅつど》した骨は、猪、鹿、狐、カワウソ、すっぽん、狼《おおかみ》、犬などだといいますからね。

【入口】それは江戸時代に食べたものだと証明できているの？

【西】ここは伊賀上野藩《いがうえのはん》*や堀江藩《ほりえはん》*などの武家屋敷があった場所で、骨が出土した場所は大きなごみ捨て場だったようです。当時の絵図面で確認できるらしい。骨とともに江戸時代の茶碗や徳利《とっくり》が出ているので間違いないようですよ。魚の骨も出ていますよ。

【早川】ご法度の獣《けもの》の肉を武士が食べていたなら、町人は当たり前に食べていたと思っていいでしょうね。カワウソ*にはちょっと心が動いた。最近、絶滅種《ぜつめつしゅ》になったニホンカワウソでしょ。河童《かっぱ》のモデルの。

【入口】カワウソは江戸時代の料理本*に料理法が出ているほどですから当時は一般的な食材だったと思っていいでしょう。

【早川】どんな料理？

【入口】「貝焼き」と「吸い物」ですね。「貝焼き」とは、ホタテなどの貝殻《かいがら》を鍋の代わりにする料理。おそらく、七輪《しちりん》*の上に大きな貝殻を

*東京新宿の遺蹟。そこは武家屋敷一帯だった。『江戸遺蹟研究会会報』など。

*いが＝三重県伊賀。ほりえ＝江戸期は旗本＝浜松近辺。

*川獺。河川に棲む哺乳類。

*『料理物語』＝江戸時代前期に書かれた料理本でレシピのようなものもある。著者不明。

*鍋が一つのる程度の小さなコンロ。炭が燃料。

置いて、貝殻のふちに味噌をなすりつけますね。そこに、ブツ切りのカワウソの肉をのせてぐつぐつと煮込む。そんなところでしょう。吸い物にするのだから淡白な肉だったことはわかりますね。

【西】魚肉じゃなくて動物の肉の味ですよね。

【早川】動物なのに、川に棲《す》むから魚だというような理屈。江戸の人が言いそうな理屈ですね。

【西】同じようなごまかしに「山くじら」がありましたね。

【早川】猪の肉の隠語《いんご》ですね。猪の姿は鯨《くじら》に似てないこともないね。

【西】坂町遺蹟から猪や狐に混じって、犬の頭の骨が大量に見つかっていますが、これも食材？

【入口】犬を食べる文化は韓国が知られていますが、日本にもありました よ。それも上級武士が好んだという記録もありますが、『生類憐れみの令』のお犬様あたりから、すっかり陰に隠れた感じですね。特に犬がペットとしてひろく飼われるようになったので、犬食文化はいっぺんに廃《すた》れたようです。

【西】スッポンは？

【入口】当時は下賤《げせん》のものとされていましたが、吸い物で食べられていましたよ。

【西】獣肉《じゅうにく》は今と違ってかなり安かったので、下層階級《かそうかいきゅう》の人たちの手頃な栄養源《えいようげん》になっていたでしょし、一般の人たちの間でも定着した食文化だったはずです。でも、一応は禁制の食材だから、ごまかし、ごまかし来たのだけれど、「ももんじ屋」*が堂々と店を開いた江戸後期は、ほとんど獣肉食は解禁《かいきん》状態だったのでしょうね。

【早川】でも隠語《いんご》を使ったりして遠慮はしていましたね。猪はボタン。鹿はモミジ。馬はサクラですものね。

【西】熊本市内で友人に、「焼き鳥屋で一杯やろう」と誘われて行った店が焼肉屋だった。焼肉屋といっても韓国風の例の焼肉スタイルでなく、牛肉などを串に刺《さ》して焼くものだったけど驚いた。確か、馬肉も

＊挿絵＝「ももんじや」猪、猿、鹿などの獣肉を売る店。表向きは「薬食い」としていた。百獣＝ももじゅうが語源というように、獣肉なら何でもあったのだろう。＝広重「名所江戸百景」

焼いていましたよ。

【早川】内蔵助の「鳥の鍋やき」も、実は「牛肉焼き」だったといいたいのでしょ。

【西】お後がよろしいようで（笑い）。

蛸の足は何本？

【西】内蔵助が蛸《たこ》を食べる歌舞伎、浄瑠璃《じょうるり》の有名な場面。

【早川】七段目です。それまでが暗くて陰鬱《いんうつ》ともいえる勘平《かんぺい》*の切腹の場面だったので、一気に明るくて華やかになる「祇園《ぎおん》町一力《いちりき》の場」は大いに盛り上がる人気の段です。料亭でご馳走のお膳が並んでいるのですが料理は見えない。唯一わかるのは蛸。「手を出して　足をいただく蛸肴《たこさかな》」。内蔵助は蛸の足を食べますね。

【西】この場面の蛸を川柳家は見逃さずに、ずいぶん詠んでいますね。「国家老《くにがろう》　鮒《ふな》の逮夜《たいや》*に蛸を食い」という川柳が場面を表して雄弁《ゆうべん》です

*恋におぼれ、同志を抜け、美女と心中する創作上の人物。

*命日の前日。ふつうなま物は食べない。

ね。鮒は鮒大名と上野介に揶揄《やゆ》された内匠頭のこと。「足は食い　その手は食わぬ由良助《ゆらのすけ》」＊も面白い。

【早川】この時代、酒の肴に蛸はずいぶん食べられているようです。歌舞伎の『鳴神《なるかみ》』＊のなかで生臭坊主《なまぐさ》が酒の肴で食べるのが蛸。足のついたまま「これを肴にしよう」と出して来ます。酒の肴には定番的なものだったのでしょう。でも、蛸はあくまでも庶民のもので上等なものじゃなかったのかな。

【入口】本膳料理にも使いますから、庶民も大名も食べた食材ですよ。

【早川】本膳料理ではどんな調理をしていたのですか。

【入口】干した蛸を薄く切って、またくっつけて、その中に作り物を入れたりしていますね。蛸の頭を薄切りにして高盛《たかも》りにしている古い絵もあったね。薄造りの膾《なます》（刺身）もないことはない。

【早川】足に食いついたりしないのね（笑い）。

【入口】そんな食い方はしない（笑い）。

【早川】魚屋が蛸の足を一本だけ間引いて売っていたという話が、井

＊内蔵助の変名。

＊市川團十郎家の「歌舞伎十八番」の一つ。

原西鶴の『世間胸算用《せけんむなさんよう》』＊にあります。蛸の足は八本だけど、七本でも分からなかったのかな。間引いた一本は煮売屋に売っていたらしい。

当時、蛸の足は煮売屋の人気商品の一つで、晩のおかずによく売れたようですよ。

【入口】蛸の足を間引く時は、生《なま》の時じゃないといけない。茹《ゆ》でた後だと切り目が残ってバレちゃう。生の時なら蛸は適当にそこをつくろって自分で隠すのかな。蛸は自分の足を食う習性もあるから足が七本とか七本半という蛸は珍しくないよ。生ならバレない。

【西】ずいぶん詳しいね。昔やってたんじゃないの（笑い）。

【早川】欲張った魚屋が二本間引いたら、足の方が何だか淋しいぞ、ってバレちゃったらしい。

【入口】いくらなんでも六本足じゃ淋しすぎる（笑い）。足が見せ場の蛸料理もありますよ。足を全部きれいに頭の上に揃える大名蛸。小さな蛸でも桜をイメージする桜蛸なんか足がないとできない。

【西】足は八本。じゃないとタコの八ちゃんが困っちゃう（笑い）。

＊西鶴の代表作。江戸の町人の生き様をいきいきと描いた。

討ち入りの決断

江戸勢対上方勢　その意識の違い

明けて元禄十五年三月。江戸城には例年通り、勅使《ちょくし》が下向《げこう》し、例年通りの儀式が執《と》り行われていた。勅使は昨年と同様、柳原大納言と高野前中納言。饗応役は相馬長門守《そうまながとのかみ》（中村藩主）が勤めていた。

儀式は淡々と進む。

料理方を預かるのは、やはり石井治兵衛。昨年の刃傷沙汰《にんじょうざた》を忘れたものは誰一人いないが、それを口にするものもいない。儀式を指南する高家肝煎《こうけきもいり》も吉良家から畠山家に代わり畠山基玄《もとろく》がこれを務め、ことは仕来《しきた》り通りにこなされていた。

昨年の大事件に関わった吉良家に、高家の大役が来るわけはないと踏んだ上野介は、自ら隠居《いんきょ》を願い出た。これは跡目をスムーズに息子・左兵衛《さひょうえい》（義周《よしまさ》）に渡したいとの思惑《おもわく》と同時に、赤穂浪士の仇討ちも心配の種であった。また、幕府が世間の「吉良憎し」の風潮《ふうちょう》を受けて何らかの処置《しょち》を吉良家にする可能性も大きかったからだ。

吉良邸の移転命令、呉服《ごふく》橋から本所《ほんじょ》松坂町への屋敷替えも、幕府が世間の批判をかわす手段の一つであろう。

二万数千両をかけた呉服橋の吉良邸はまだ新築三年目である。それを本所の松平登之介の屋敷跡に移転させられる。新築の屋敷から川向こうの中古屋敷への住み替えだ。上野介は嬉しくはあるまい。

嬉しくはないが幕府に忠誠心《ちゅうせいしん》を見せる方が大切。本所の屋敷は早速、改装に取り掛かった。工事は小さなものではない。内装だけならいいが、南側にあった表門を東側に移すなど本格的なものだ。大工は上杉藩が地元米沢から数十人を呼び寄せて施工《せこう》している。江戸の大工では何かと秘密が守られないと思ったことからだろう。物入りなことだ。

ともあれ上野介は幕府の指示を神妙《しんみょう》に受け入れ、隠居も認められたことにより吉良家はひとまず落ち着いた。

一方、赤穂方は落ち着くどころか内情はガタガタとなっていた。

浪士たちの精神的な支柱《しちゅう》は「浅野大学をもってのお家再興《さいこう》」と、「浅野家の名誉《めいよ》回復のため、上野介へのなんらかの処分」であった。

その「お家再興」は暗礁《あんしょう》の上。更に、上野介の隠居が認められたことは、上野介にこれ以上の処分がないことを意味する。同時に、それは浅野家、旧浅野家家臣への名誉回復がなされないということでもある。

これにより浪士たちに残された武士道の面目《めんもく》を守る道は討ち入りしかなくなった。

しかし、上野介の隠居は赤穂方にとって大きな不安要因《よういん》。公務から離れるのだから行動がつかめない。毎日の所在がつかめない。どこで暮らそうがお構いなしが隠居である。

屋敷替えもしかりだ。

吉良邸は隅田川の外、すなわち幕府管轄外《かんかつがい》に出たから討ち入りに都合よしの声もあるが追う者の実感は違う。仇が未知の場所に逃げ、守りを固めるように思えるのだ。

それに屋敷が移っても隠居の上野介がそこに住むかどうかは全く分からない。そこに住む義務はない。上杉家のいくつもある屋敷のどこかに住む可能性は大きい。現に上野介の正室《せいしつ》、富子は白金《しろがね》にある上杉の下屋敷に住んでいる。

赤穂方からみると、上野介は深い霧の中に逃げ込んだようにみえるのであった。

「吉良は様々な手を打ってくる。早く討たぬと機会がなくなる」。

江戸急進派は強行を主張する。

「お家再興の芽のあるうちは自重《じちょう》すべきだ。仇討ちはいつでもできる。上野介が死ねば息子の佐兵衛《さひょうえい》を討てばいい」。

上方勢は、あくまでも慎重に事を運ぶべきだと主張。双方の意見が激しく対立。その溝《みぞ》は深まるばかりだった。

主君の側で切腹の無念を肌で感じている江戸詰の侍と、遠く赤穂、あるいは京、大坂にいて、耳で聞く情報しかない上方勢との意識のギャップとみるが、加えて、これまでの藩士として藩務《はんむ》のありかたの相違がもとになっていると思える。

分かりやすく言えば、藩士の給金は藩内の領民《りょうみん》から徴税《ちょうぜい》して支給される。その課税《かぜい》業務や徴税業務にあたるのが赤穂在住の藩士たち。塩や米の売り捌《さば》きや管理にあたるのは、京屋敷、大坂屋敷の藩士たち。いわば事務屋、業務担当だ。

一方、江戸屋敷の藩士たちは殿様や奥方の警護《けいご》、江戸の防衛という戦闘部隊である。もとより物の考え方が違う。赤穂在住は稼ぐ方、江戸は使う方と言うと酷《こく》だが、少なくとも金を稼ぐ努力を江戸方はしていない。

同志の中心的位置にいる吉田忠左衛門は加東の郡代《ぐんだい》（代官）、小野寺十内は京都留守居《るすい》役（支店長）、間喜兵衛は勝手方吟味役《ぎんみ》（監査役）、前原伊助は金奉行、岡島八十右衛門は勘定奉行、奥田貞右衛門は勘定方。どれも、いわば事務方の管理職、ソロバンが仕事の侍たちだ。それがベースで人生観や価値観が構築《こうちく》されるのは仕方がない。

ちなみに内蔵助も上方的価値観の持ち主である。

内蔵助はこう言っている。

「亡君ノ忠義尽シ申トテ御家ヲ根モ葉モ打カラシ段　是ニテモ忠義ト計ハ被申間敷候、可捨時節至リ捨候段ハ此方ニ残念モナク快死ヲ仕ニテ候」（たとえ亡君の仇を討ったとしても浅野家が根も葉もなくなってしまうのならそれは忠義とはいえない。時期をみて思い残すことなく捨てる、快死をしよう）。

「快死《かいし》」とは「痛快な死」「後悔のない死」「価値ある死」だろうか。

言い当てて妙だ。「武士とは死ぬ事と見つけたり」などとは決して思ってはいない。「死と見合うもの」が必要なのである。

内蔵助は算盤《そろばん》に合う死を探していたのである。


方や江戸勢は筋金入りの武士。思い込んだら命懸《が》けのタイプが多い。

当初、江戸、上方を合わせて仇討ち血盟者は約百二十名いた。

うち江戸詰は二十三名いて六名が脱盟《だつめい》。そのうち二名は自害《じがい》だから実質の脱盟者は四名だけ。

上方勢は約百名いたが残ったのは、たった二十八名。七割以上が脱盟しているのだ。

江戸とはまったく逆の割合。比較にならぬ数字だ。

これは前に述べたように、人生に対する価値観の相違なのだから、何も上方勢を責めているわけではない。また、浪々の身となった浪士は一様に困窮《こんきゅう》しているはずだが、困窮の様子は江戸からばかり聞こえて、上方勢からは少ない。

内蔵助が近くにいるので援助の手がよく届いたのかとも思ったが、そうではないようだ。赤穂勤務、上方勤務の武士たちは収益を得る手段、あるいはツテを持っていたとみる。

言い換えれば、金を稼ぐ方法も知っていたし、金を稼ぐことに抵抗感のない武士たちだった。

反面、江戸詰は金を稼ぐ方法も知らないし、金を稼ぐ事に嫌悪感《けんおかん》すら持っている。

「武士とは死ぬ事と見つけたり！」と気合を入れて、腹を空かしていた。

円山会議と隅田川会合　そのご馳走は

意識、価値観の違う同志をいつまでも抑《おさ》えきれない。分裂《ぶんれつ》を回避《かいひ》するため内蔵助は会議をもった。円山会議である。これは内蔵助の仇討ち決意表明でもあった。

会議が開かれたのは京都円山の名刹《めいさつ》、安養寺《あんようじ》の別荘「重阿弥《じゅうあみ》」であった。今も高級料亭「左阿彌《さあみ》」として残っているが、当時は仏事や精進落しなどに利用した宿坊《しゅくぼう》とでも理解すればいい処だ。

出席したのは、大石父子、原惣右衛門など京、伏見、大坂にいる上方勢に加え、江戸急進派の堀部安兵衛も加わり、総勢十九名であった。

会議も気になるが、何を食ったのかも食いしん坊としては大いに気になる。時期は七月二十八日、招集は午前八時。支払ったのは金一両。一両は今にすると十万円ほどである。

会議が落ち着いた昼近く、ご膳が出る。お寺だから精進料理。さて、どの程度のものか。十九人で十万円、一人五千円。今にすればお昼の会席弁当の良いものが酒付きで食べられる値段だ。

この日の献立を予想する。あくまでも予想である。

膾《なます》は膳皿（若布《わかめ》、牛蒡《ごぼう》、うど、胡瓜、人参に辛子《からし》味噌）。

汁（焼長芋・揚麩《あげふ》・つる菜の合わせ味噌仕立）。

坪（蓮根《れんこん》角煮もどき）。

香物（胡瓜《きゅうり》牛蒡味噌漬・小蕪千枚漬・紫蘇《しそ》沢庵《たくあん》）。

飯（ご飯・焼百合根《ゆりね》・焼栗）。

それに般若湯《はんにゃとう》の預け徳利《とっくり》。蛇足ながら般若湯とは酒のこと。寺での隠語《いんご》である。

京都円山での会議は紛糾《ふんきゅう》するものではない。一同が内蔵助の仇討ち決意表明に同意、そして士気を鼓舞《こぶ》するだけだ。まあ、決起集会に近いものだったはずだ。十九名は心地よく話し、やがて昼の酒に酔ったのであろう。

ちょっと脱線。

この日よりわずか五日後の八月二日に、江戸・墨田川で堀部安兵衛らは江戸の同志たちと会合をもっている。

あれっ、と思った。

京と江戸は百二十七里、男の足でも十三泊十四日が一般的。それを安兵衛は五日で移動している。船を使ったか早駕籠《はやかご》で走ったか。それにしても記録的な速さだ。

上方勢決起の朗報を一時も早く江戸の同志に伝えたい。安兵衛は走りに走る、高田馬場の決闘場への、韋駄天《いだてん》走りの再現だ——

と書こうとしたが、さにあらず、

この年はうるう年、八月が二回あったのだとさ。がっかり…。

うるう八月二日の夕方、安兵衛は堀部弥兵衛、潮田又之丞《うしおだまたのじょう》、奥田孫左衛門らを呼び、円山会議の報告をした。報告というより「内蔵助殿もようやく討ち入りを承知したぞ。上方の連中も同意した。いよいよだ！」の喜びの宴に近いものだったろう。場所は隅田川、観月の会。いわずと知れた酒豪安兵衛主催の宴席だ。屋形舟《やかたぶね》の上は、さぞドンチャン騒ぎであったろう。

少し付け加える。障子《しょうじ》付きの小部屋を載せたような屋形舟《やかたぶね》。舟の中では天麩羅《てんぷら》を揚《あ》げての宴会…というおなじみのスタイルは江戸も後期からのこと。それまではお大尽《だいじん》クラスが芸妓や遊女と遊ぶ姿を隠すための、目隠《めかく》し目的の屋根や簾《すだれ》のような物はあったが、あくまで別格のもの。安兵衛たちの乗った一般の舟は屋根がないとみて正解。

料理も小舟が売りに来るシステムだ。それを「煮売舟《にうりぶね》」という。料理は陸の上の「煮売屋」と同じ、おでんのように串に挿《さ》したニシンや蛸の足や芋だったのだろう。安兵衛や又之丞たちは、蛸の足に食いつきながら酒を酌み交わしていたことだろう。肴は煮売舟から買うが、酒は貧乏徳利での持ち込みだ。

おっと、升酒屋《ますざけや》に触れておかねばならない。

この店、酒の小売店だが、今とはちょっと違う。当時の大きな酒屋は、一升、二升の小売はしない。一斗や四斗の樽《たる》売りである。一斗は十升（十八リットル）。一度にそんなに買えない貧乏な庶民は困る。そこで庶民相手の小売店、「升酒屋」ができた。升酒屋は、問屋から樽で買って、五合、一升の量《はか》り売りをする店だ。

そんな小売りの酒を持ち帰る時、店の屋号が大きく入った徳利《とっくり》を貸してくれる。それを誰が名づけたか「貧乏徳利《びんぼうとっくり》」。意味は書かなくてもわかる。

この他、徳利には、樽の代わりに使う「大《おお》徳利」。酒屋が配達に使う「通《かよ》い徳利」。そして「貧乏徳利」がある。

現在、酒を温める時に使う一合や二合の徳利は、近年になってからのもの。江戸の頃は小さな鍋に長い柄《え》の付いた「銚子《ちょうし》」で燗《かん》をしていた。その名残りが現在、飲み屋さんで言う、「おねえさん、お銚子一本ちょうだい！」の銚子である。

さて、安兵衛たちの隅田川での宴会は、貧乏徳利の茶碗酒に、肴は煮売舟で買ったスルメとニシンと蛸の足。

「さあさ、一献《いっこん》、また一献」。賑やかな屋形舟であります。

舟遊びは柳橋から両国橋あたりがルート。ことにこの川筋は吉原遊郭通いの猪牙舟《ちょきぶね》で大いに賑わった。猪牙舟《ちょきぶね》とは細長い小舟のこと。吉原遊郭へは、陸地を真っ直ぐには向わず、猪牙舟に乗っての舟遊び、そして柳橋あたりの店で、少し呑んで遊んでから繰り出すのが粋といわれていた。

だから川にはそんな粋を気取った舟が数十艘もの舟が浮んでいる。川岸もそんな風だ。柳の木の下あたりには、客を誘う遊女の姿があちこちに──。

そんな両国橋からすぐ傍《そば》に吉良邸がある。安兵衛らの乗る船から、ちょいと立ち上がれば、吉良邸の屋根や塀は見えた。

「すぐに行くぞ！ 待ってやがれ！」

安兵衛の罵声《ばせい》が聞こえるようだ。

両国橋の賑わい・橋のすぐ下の舟が煮売舟
＝江戸名所図会

江戸の花街事情

【西】 江戸の庶民文化を語るとき、避《さ》けて通れないのは遊郭《ゆうかく》など花街、それに遊女《ゆうじょ》のことだと思います。食べ物から離れますけど、少しその辺りを話題にさせてもらいます。

まずは内蔵助の比丘尼《びくに》＊買い。見つけた時、ちょっと驚いた。内蔵助と比丘尼など、それこそ想定外だったからね。比丘尼だって、もともと売春目的じゃなかったんでしょう。

【早川】 当然、本当の尼さんだったはずです。何かの事情でお金に困り身体を売った。あるいは尼さんを辞めても、髪が伸びるまで一般社会に戻れない。食べられないのでやむなく。そんなことだったのでしょうね。ところが尼さんだから妙な人気が出た。そこでセミプロというかな、お経も読むけどアルバイトもする（笑い）、という人が出てきて

＊69頁に書いた。

世間に知られるようになったわけ。

【西】やがて人気に便乗《びんじょう》の、ニセ比丘尼も現れる。

【早川】そうそう（笑い）。でも、多くは素人《しろうと》に毛の生えた程度のもので、遊女屋《ゆうじょ》とか湯女《ゆな》*のような組織だったものは少なかったと思いますよ。どちらかと言えば営業場所をあまり選ばない夜鷹《よたか》*に近いのかな。

【入口】玄人《くろうと》の客はそっちの方を好むのが多いかもしれない。

【早川】玄人の客は素人を好む。時々、掘り出し物に当たる楽しみがありますからね（笑い）。

【西】値段を調べると、夜鷹は二十四文から三十文、比丘尼は百文だという。一文が二十円として、夜鷹は五百円、比丘尼は二千円。希少価値で比丘尼の方が高いけど、どっちもかなり安い印象ですね。吉原では上はきりがないにしても、下の下でも六百文だから比丘尼の六倍。高いよね。でも、公認の遊郭吉原には定価表があってはっきりしているけど、岡場所《おかばしょ》*は相対《あいたい》だからはっきりしない。

【入口】吉原遊郭の定価表は見たことはあるの？

＊ゆな＝江戸初期より銭湯で客の背中を流す職業として生まれたが、次第に売春するように変化した。
＊よたか＝街頭で商売する大衆売春婦。江戸は「夜鷹」、京は「辻君」、大坂は「惣嫁・そうか」と呼んだ。

＊公娼を集めた遊郭などに対し、私娼が集まった場所。

【西】コピーを持っていますよ。いつでも行けるように（笑い）。

遊女が十五段のランクに分けられている。一番上は太夫といわれる高級遊女だけど、定価表には出てこない。別格なのでしょうね。遊女はどれも「新造《しんぞう》」と書いてある。新造はいい女とか、ニューフェイスということかな。「ご新造さん」って言うでしょう。

その一番高いのが「一両二朱」。その下は「昼夜二分　夜斗一分」。つまり昼だけなら一分*、夜だけなら一分。泊まって行くなら合計三分ということでしょう。その下も細かくランク付けされているけれど、下級の遊女は書いてない。別の資料には最下級で二匁（約百五十文）もみたけど例外的でしょうね。いわゆる格子女郎と言われる店先に出ている女郎でも二分以上だから、吉原は高級遊郭に違いない。

【早川】その定価表は江戸も後半のものですよ。

元禄の頃のものは、西鶴の書いた遊女の値段とその代金を参考に、私が学生向けにまとめたものがあります。

【入口】大学では遊女の値段も教えているの！（笑い）。

＊四朱が一分、四分が一両。
元禄時代は凡そ、金一両＝銀六十匁＝銭四千文。但し、相場が動いているので、固定ではない。

【早川】西鶴研究ですよ。江戸の庶民文化研究！（笑い）。

【入口】失礼しました（笑い）。その元禄の遊女事情をご教示願いたい（笑い）。特に花魁《おいらん》と呼ばれる高級遊女のことはどれくらい分かっているんですか。

【早川】元禄の頃は花魁という呼称はありません。最上位の遊女は、「太夫《たゆう》」、「松の位」と呼ばれていました。松の位とは大名に並ぶ位ということで、その威厳は相当なものですね。この呼称を得るには、容色や品位は勿論ですが、茶の湯、和歌、俳諧、書道、生け花、三味線、琴などの諸芸に秀でていることが大切です。たとえばね、『源氏物語』を読みたいと客に言われた時のために、名のある人の手による写本を持っている、というような心構えが必要だったようですよ。

【入口】へぇ〜と言うしかないね。で、お値段は（笑い）。

【早川】まあまあ、そう慌てない（笑い）。客が揚屋《あげや》＊に入って太夫を呼ぶと、遊女屋から揚屋まで「太夫道中」をして向かう。太夫道中の様子は映画などでご存じの通りですが、引き連れる人数は五、六人から十

＊遊郭内の料亭のような店。身分のある客は遊女の店に行かず、ここに呼んだ。吉原の揚屋は料理を自前で作る。京阪の茶屋は仕出しを取る。

人ほどだったようです。

揚屋の座敷では、引舟女郎《ひきふねじょろう》*が客との応対の手助けをし、太鼓女郎《たいこじょろう》*が宴をもり立てる。禿《かむろ》*が従って身の回りの世話をする。そんな賑やかな宴会だったようですね。

【入口】そして、初見、裏を返す、馴染みとなっていくんだね。その、お値段でございますが（笑い）。

【早川】太夫の揚代そのものは七十四匁、今なら六万円ほどだから高くない。けど、付帯経費がばか高い。祝儀も凡その決まりがあって、編み笠茶屋へ金一歩、出口の茶屋へ金二歩。揚屋の亭主に銀三枚、女房に銀二枚、遣り手に銀二枚、若い衆に金二歩、奉公人たちに銀一枚。今のお金で合計すると三十七万円ほど。それに太夫の揚代六万円と同伴の遊女たちの揚代、酒肴代、お供の太鼓持への祝儀などがかかる。つまりですね、一晩、最低でも百万円程度の出費がかかるのが吉原での遊女遊びだったことになりますね。

【入口】派手で楽しそうだね。出来ることなら遊んでみたいね。

＊太夫に代り、客を取り持つ。太鼓女郎は太鼓や三味線の音曲担当。

＊かむろ＝遊郭に住み込む童女。遊女の見習。

【早川】太夫の方もそれなりに努力はいるのですよ。寝道具は三つ蒲団。*馴染みの客の紋付きの着物や羽織、その他、その男に必要なものは一通り揃えておかねばならないから、そう楽じゃない。

【入口】吉原に別宅を持ったのと同じだね。

【早川】そうですよ。太夫の客となったからには、一年や二年は逢い続けなければならない。月に十日前後は行っても行かなくても揚代を支払い、紋日を勤め、盆暮れには相応の金を届ける。そんな風ですから、よほど始末して使っても年に二十九貫目（約二千三百万円）はかかるということです。

【入口】さっきは百万円と聞いたから挑戦してみたいと思ったけど、これじゃあ白旗だね。

【早川】西鶴は、太夫と遊ぶ人は、銀五百貫目以上（四億円）の金銀が自由になる人じゃないといけないと言っていますよ。

【入口】はいはい、観念しました（笑い）。当時言われていた通り、吉原は高くて遊べないから「吉原の見世《みせ》をひやかして廻って、帰りに深

*みつぶとん。遊郭独特の三枚重ねの布団。ぜい沢の象徴。

川で夜鷹を買う」という話が、本当のところかもしれないね。

【西】「一目千両」は伝説としても、金がなくちゃ遊べない場所だったことは確かでしょうね。太夫の下のランクもいろいろあるのでしょう。

【早川】太夫の下のクラスが「天神《てんじん》」。次いで「鹿恋《かこい》」。細かく言えばきりがないので省きますが、その下も「端女郎《はしじょろう》」までいろいろとあります。京の島原、大坂の新町、江戸の吉原とそれぞれ呼称やシステムも若干違いますが、たとえば、鹿恋で揚代は十八匁（一万四千円）ですから安くはないですよね。

【西】元禄の頃の一般の職人の日当が二匁から三匁ですから、凡そ七、八日分の給料ですからね。それに料理やチップは別に要るだろうから、そうそう気軽には行けないのが遊郭でしょうね。その点、夜鷹や比丘尼はリーズナブル（笑い）。

【早川】リーズナブルには違いないけど、「のこのこついて行って、明るい所で女の顔を見てびっくり！　自分のお母さんならまだしも、おばあさんの年齢《とし》だ！」という話はごろごろある（笑い）。

【入口】わかる、わかる（笑い）。

【早川】一方、けっこう若くてきれいな人もいた。それは、遊郭の遊女は住み込みの年季奉公《ねんきぼうこう》なので、子どもや親の世話をしなくちゃならない場合は勤めに行くわけにはいかない。昼間は親の介護や子育てをして、夜になると営業用の衣装を借りて辻に立つ。昼間も働き、夜もバイトをするんじゃあ、たいへんですよ。

【西】納得できる。

【早川】夜鷹ほど安くはありませんが、非合法で客を取る、様々な女性たちがいたのも事実です。何年かの契約で縛《しば》られた遊廓での遊女勤めでは、給料が一括前払いされてしまうので、働く当人にお金が入ってくるわけじゃありませんし、目先のお金がいるとか、アルバイト感覚で働く人もいたんですよ。

【西】元締めや揚屋などのような中間搾取《ちゅうかんさくしゅ》をするシステムがない分、安く提供できたわけでしょうね。

【入口】産地直送、仲買人なしだ（笑い）。

【早川】ところが夜鷹にも元締めはいました、ボディガードが付いているのが基本ですから中間搾取はなしとはいえない。

【入口】やっぱりね。元締めは女の身の危険を守ったり、縄張りを守って、いらぬ諍《いさか》いを防いだりした、いわば必要悪だったでしょうね。でも遊郭より格段に安いから客はついたでしょうね。いい女もいたでしょうし。

【早川】夜鷹にも「一年のお浚《しゅん》」というスーパースターがいましたよ。何と一晩に三百六十人余りの客をとったという記録がありました。

【入口】三百六十人？　一晩に！　そりゃ凄い。

【西】今なら間違いなくギネスブックものだね。それだけ人気があった、いい女だったということだ。

【早川】遊郭は、懐《ふところ》も傷むし肩も凝《こ》る。安くてそこそこかわいい女の子と遊べるならそこでいいやと、非合法なお店の方が人気がでるのは当然でしょう。そうなると、遊廓は商売あがったりになる。それで役所に非合法の売春を取り締まるように訴える。[*]役人の方も遊郭の主人

＊私娼の取締を警動(けいどう)といった。ほとんどが遊郭からの要請で行ったのが特徴。

とあらゆる意味で懇意《こんい》だから、取締りを実施。これの繰り返しでしたね、この時代は。

【西】湯女や飯炊き女も、それで衰退させられたのですよね。

【早川】一斉摘発で捕まった女たちは、罰金の代わりに吉原などの遊廓の端女郎として働かされることになる。* つまり、なりたくなかった公娼にされてしまい、自由もなければ、お金も手に入らなくなる。だから、岡場所の方も、あんまり目立ってもうけるのも考えもので、適当な値段設定も工夫していたのでは？

【西】女たちは捕まってただ働きだが、岡場所の元締めら、男の方の罪はあまり重くない。罰金（ワイロ）や、吉原へ移住して商売をしろという程度でしたね。遊郭がただで使える遊女を欲しがって、定期的にお上に取り締りを願い出たという一面もあるんじゃないかと勘ぐってしまう。結局、一番弱い女たちだけが犠牲になるわけだ。

【早川】比丘尼もやがて中宿*が出来て、組織されるのだけど、かなりの期間は人気を保っていたようですよ。江戸の非合法の店の中には、

＊摘発された私娼は三年間、吉原で無給で働らかされた。『新吉原町定書』。（恩赦で百日の例もある）

＊置屋、斡旋所のようなもの。

客の注文に合わせた衣装を着せた女性を派遣してくれるという商売もありました。コスプレの一種ですよね。比丘尼もコスプレの一種と考えたらうなずけますよ。

【入口】実は、比丘尼って知らなかった。私は、中村遊郭*で一、二といわれた老舗料亭の料理長も勤めたこともあってね、その道には詳しいつもりだったんだけど… もっと勉強しなくちゃ。

【西】もう十分勉強しているよ。もういい、もういい（爆笑）。

＊名古屋最大の遊郭。遊女三千人といった。

料理本家・四條流と将軍の食卓

料理宗家四條流。庖丁式秘話も

少し料理本道のことを書こう。

天皇家の料理作法も江戸城の料理作法も四條流料理道によるものである。

四條流とは平安時代から連綿《れんめん》と続く料理流派である。創始者は、四條中納言山蔭卿《やまかげきょう》(藤原政朝《ふじわらのまさとも》822～888)という。

山蔭卿により編み出された料理道は、数多い宮中《きゅうちゅう》の祝儀《しゅくぎ》、礼節《れいせつ》の儀式には欠かせない料理を執《と》り仕切った。そして、それらを伝承《でんしょう》し指南《しなん》する立場の一門となった。

一門は高橋家が継承《けいしょう》した。同家は日本料理の祖《そ》といわれる磐鹿六鴈命《いわかむつかりのみこと》の子孫である。この高橋家が代々、宮中の大膳職《だいぜんしょく》を勤めるのである。大膳職とは、いわゆる天皇の料理番である。

四條流の柱は、料理道と庖丁式《ほうちょうしき》の二本。この二つが相まって日本料理の文化が継承されている。

庖丁式とは庖丁と真魚箸《まなばし》のみで、鯉、鯛、雉《きじ》などの素材に一切手を触れることなくさばいていく儀式で、もともとは食材に敬意をはらい、また、賓客《ひんきゃく》に主人自らが庖丁を持ち、心より接待するという精神からできた作法である。

江戸時代の庖丁式は、薗部新兵衛尉《そのべしんべいのじょう》の四條園部流が取り仕切っていた。薗部も四條山蔭卿の流れをくむ本家本流の一人である。

つまり、宮中料理の方は高橋家が本家。庖丁式は四

四條流庖丁式・庖丁人は入口柏修

條園部流の薗部が本流を受け持つ。ごく分かりやすく言えば、そんな図柄であった。

両派は明治期に合流し、総じて四條流と呼ぶようになったのである。

○

「古代ゆかしく鳥や魚をさばく」伝統の庖丁式。

現在は古典芸能にも分類《ぶんるい》されようとする四條流の伝統儀式を詳しく紹介したいのだが、その諸式や、まして精神まで伝えるのは、なかなか難しいので、一つのエピソードを書いておく。四條流の心をご推察《すいさつ》願いたい。


庖丁式の、まな板にのる食材に特にこだわりはないのだが、鶴だけは「天皇の御前以外では捌《さば》かない」伝統がある。これは「鶴の御前庖丁《ごぜんぼうちょう》」として四條流が大切に守ってきた。

ところが太平洋戦争が終り、進駐軍《しんちゅうぐん》が日本を支配していた頃、どこで聞いたかマッカーサーが庖丁式に興味を持ち、「どうしても見たい」と言い出したのだ。

言いたくないが当時の進駐軍指令官マッカーサー元帥《げんすい》に逆《さか》らえる人は日本にはいない。

さっそく四條流家元・石井泰次郎《たいじろう》に声がかかった。かかったというより命令である。

「最高の庖丁式をお見せしろ。鳥は天皇家と同じ鶴を使用せよ」。

――古代より伝統の庖丁式が汚《けが》される。

石井は苦悩《くのう》した。

伝統ある四條流の家元が進駐軍の前で額《ぬか》づくことはできない。戦争には負けたが、それと伝統文化は別だ。庖丁式は負けるわけにはいかない。

切腹でもして抗議《こうぎ》したいところだが―、と石井は、次善《じぜん》の策として仮病《けびょう》になった。

家元、泰次郎のボイコットで一つの面目《めんもく》は保つ。代わりを勤めたのは山下柏亭《はくてい》、四條流の高弟で師範。後に十二代家元となった人である。

庖丁人はうまく逃げたが、面倒なのは鶴だ。「鶴の御前庖丁は天皇の御前だけ」。四條流が千年を超えて守って来た伝統であり誇りでもある。

ここは譲《ゆず》れない――。

いよいよ庖丁式当日。大紋烏帽子《だいもんえぼし》に身を整えた庖丁人が、見届け人、付け人ら十人を従え、雅楽《ががく》の演奏の中、しゅくしゅくとまな板の前に。

見物人は「鶴の御前庖丁」を見ようと進駐軍のナンバー2、ホイットニー准将《じゅんしょう》ら米国のお歴々《れきれき》がずらり。日本の政府高官もずらり。

さあっと庖丁が振り下ろされた――。そこには、ちょっと見慣れぬ〝鶴〟が置かれていた。それは鶴ならぬ、しっかりと太った七面鳥《しちめんちょう》が――

進駐軍の将校が思わず、「おお！　日本では、七面鳥《ターキー》を鶴《クレーン》というのか」。

〇

さて江戸時代に戻り、四條流料理道について触れたい。

本来ならばここで四條流の系図《けいず》などを転載すればいいのだが、もとより複雑で部外者には分かりくいのが家系図の常。ここは『続　日本料理法大全』（石井泰次郎著）に記載の、清水桂一氏の解説をさらに簡略《かんりゃく》にして記してみる。

簡略にしすぎて齟齬《そご》も生じようが大勢のみ伝わればいい。

江戸時代になっても四條流の家元は高橋家。石井家はその高弟である。

徳川幕府が誕生した時、石井家は江戸城の料理頭取《とうどり》を務めることとなった。

高橋家は四條流家元を務めると同時に、天皇家の大膳職《だいぜんしょく》（料理長）も務める。石井家は四條流の門弟として将軍家の料理頭取を務める。その図柄である。

四條流は天皇家の料理も将軍家の料理も、両方を担当することになったわけだ。

それを見た大名諸藩は、高橋家に料理師範の紹介を求めて来た。将軍家と料理作法を同じにしたいという当然の要望《ようぼう》である。

また、戦乱が治まり徳川幕府も安定をみせたころだ。宮中儀式《きゅうちゅうぎしき》を支えてきた四條流の料理道を大名や高家が欲しがった。それは、儀式料理の作法が茶道同様に名家のステータスともなっていたからだ。

そして諸藩の要請に応《こた》えるかたちで四條流の料理人は次々と全国に送り出された。結果、江戸時代のほとんどの大名家の料理人は四條流の門下となっていた。

その間も、四條流宗家《そうけ》は一貫して高橋家であった。

明治維新。都が京より江戸に移り、天皇が江戸城に入ることとなった。高橋家も天皇の料理番として東京にやって来た。

ところが、この時の高橋家元は病弱。とてもその職を、まっとうすることができないというので、石井に天皇の料理長の職を譲《ゆず》った。同時に四條流家元の席も石井家に禅譲《ぜんじょう》したのである。

この時、平安時代から伝わる四條流伝承の文書なども下げ渡され、四條流家元・石井治兵衛が誕生。そして、天皇の料理長もこれより、石井家が勤めることとなった。

本来ならば四條流家元も天皇の料理長も高橋家で、石井家の方は徳川家に伴《ともな》って静岡県に移って行くのが運命だった。しかし、高橋の病弱と彼の料理道を継ぐ子息がいないという事態が重なり、四條流家元の交代劇が起こったのであった。

運命の糸をもう少し探《さぐ》れば、両家の置かれた立場がよく分かる。

徳川時代は三百年も続いた。それも歴史上例をみないほど強権《きょうけん》かつ安定の治世《ちせい》だった。この安定した強い権力に守られた石井家は、幕府の料理頭取を八代も続ける幸運に恵まれたのである。また、全国の諸藩《しょはん》に配された四條流の料理人は、もともとは家元・高橋家の門弟なのだが、徳川幕府の強権の下、彼らの目は京都（高橋）より江戸（石井）の方に向いていたのは仕方のないことだ。そして石井が肩書き以上の力を持ったと推察《すいさつ》しても、大きな間違いはなかろう。

一方の高橋家の方だが、本家本流の伝統《でんとう》と誇《ほこ》りを死守《ししゅ》したのだが、一つ、大きな仕事をやり損《そこ》ねた。

それは「天皇に差し上げる料理に、天皇の臣下《しんか》である〝四條〟の名を冠《かんむり》にするのは恐れ多い」と、「四條流」の名称を声高《こわだか》に示さなかったことである。高橋が四條流の名称を、皇室と同様、権威《けんい》あるもの、誰も触《ふ》れることのできない「天皇のもの」にしていたなら、その後の展開はがらりと変わっていただろう。

もし、「四條流の名称はだれも使えない。天皇陛下のご認可《にんか》がいるもの」と高橋が策略《さくりゃく》し、実行できていれば、こと料理道においては徳川家と天皇家の力関係は逆転。そして高橋も、その名籍《めいせき》の監督者として特別の椅子《いす》に坐っていたと考える。

念のため書き添えるが、高橋家と石井家と本家争いがあったのではない。それどころか料理名門の二つ名家がスムーズに宗家を移動させたことにより、千年の伝統を誇る四條流が守られた。すなわち、正統的日本料理が守られたのである。

将軍の食卓をのぞく

石井治兵衛は将軍家の料理長。勅使饗応料理の吟味《ぎんみ》も大切な仕事だが、将軍の毎日の食事の差配《さはい》も重要だ。

江戸城の厨房《ちゅうぼう》と将軍の食事をのぞいてみる。

とは言うものの、将軍の日々の料理に関することは意外に正確にはわかっていない。それは単なる日常生活なので特に記録していないこともあろうが、暗殺《あんさつ》や毒殺《どくさつ》に繋《つな》がる恐れのある食事のことだ。意識的に伏《ふ》せられていたのかもしれない。

だが、将軍家の料理番の石井家すなわち四條流宗家には多少の資料も口伝《くでん》も残っている。他の資料に石井家のものをかぶせて将軍の食卓と食事風景を再現してみたい。


江戸城には調理場が三カ所ある。御膳所《おぜんどころ》、奥御膳所《おくおぜんどころ》、表台所《おもてだいどころ》の三つだ。

御膳所は将軍と御台所《みだいどころ》（将軍の正妻）のための調理場、奥御膳所は大奥の女性たちのための調理場、表台所は江戸城に詰める武家や役人たちの食事を作る調理場で儀式用の料理もここで作る。

各所には台所頭《だいどころがしら》が置かれ、配下《はいか》の料理人は、御膳所で五十数人、表台所で六十数人。加えて下働きが両所にそれぞれ百人もいたというから相当な人数だ。御膳所は将軍一人のための調理場、一人のために百五十人もの料理人とは疑いたくなるが事実のようだ。

石井治兵衛はその料理人たちの上にいて調理法、料理道全般を指導する。石井の一門とは別に膳奉行《ぜんぶぎょう》がいる。若年寄《わかどしより》直属の役人である。膳奉行の役目は、一口に言えば毒味役《どくみやく》。鬼役《おにやく》、鬼取役《おにとりやく》ともいわれた。

御膳所と表台所の組織は別で、担当する台所頭も調理人も違うが、調理場の場所は同じで一体のようだ。そこは江戸城の古い絵図を見ると大広間より大きい。大広間は三百諸藩の大名が一同に会《かい》する広さを持つのだから、調理場の広さは想像できる。御膳所と表台所の二つの組織はその調理場を分け合って、時には競《せ》り合いながら仕事に励《はげ》んでいたのだろう。

この二つは、石井の指揮下《しきか》にあるのだが、三つ目の奥御膳所は大奥にあり、大奥は男子禁制《きんせい》という。ならば奥御膳所の調理人は女性が勤めていたことになるわけだ。

ここでは御膳所で作った料理を運び込んで温めるなどの手を加える程度だったのか、まったく石井の影響下になかったのかは不明だ。

しかし、将軍が正室と一緒に食事をした記録は多くあるのだから、二人が別の調理場を持っていることは考えにくい。大奥の料理も石井の下にあったと考えるのが妥当だ。

しかし、大奥には二千人も三千人もの女性がいたというではないか。その数の食膳を朝昼夕と賄《まかな》えたかどうかというと疑問も残る。

無理に結論を求めれば、奥御膳所には石井配下の料理人が常に何百人もいて大奥の食を賄《まかな》っていた。その料理人は男性なのだから大奥男子禁制の原則が崩れる。だから奥御膳所の実態は公表されていない…。

さて、将軍の朝である。

朝は六時に起床。先祖の仏壇に礼拝、母、正室《せいしつ》（御台所）などとの挨拶を済ませ、八時に朝食となるのだが、献立は書物によって大きな差がある。

朝食ひとつとってみても、

一汁二菜、それも梅干、焼き味噌、納豆程度の粗末なもの（杉浦日向子）。

刺身、酢の物などの生ものに、キスの塩焼き、漬け焼きなど本格的な食膳（大久保洋子）。と極端《きょくたん》だ。

また、「納豆が出る」「納豆はタブー」。「キスは朝から四尾と決まっている」「そんなことはない」。「ワカメやひじきはダメ」「ワカメは食べている」と各説が入り乱れているが、諸説を総合すると、朝昼とも一汁五菜の献立、それも意外に簡素《かんそ》と見るのがどうやら正解に近いようだ。

朝、昼、夕の三度の食膳の具体的な記載が、高正晴子、山下光雄「将軍の献立について」（梅花短期大学研究紀要）にあったので引用する。

朝の膳である。

置合（にしめ・牛蒡《ごぼう》・三盃漬・茗荷竹《みょうが》）。
汁（しじみ）。
香の物（花丸うり）。
煮物（花えび・貝柱・三つ葉せり）。
飯。
湯豆腐（角かた・花鰹《かつお》・おろし大根・唐辛子）。
煮立（小鯛・すり生姜《しょうが》）。

昼の膳。

置合（色付焼きす・くねんぼ）。
汁（つみ入れ・かい割れ菜）。
香の物（粕漬け刀豆《なたまめ》）。

澄し（白魚・木の芽）。
飯。
焼浸し（干魚開き・ふし入れ）。
　夕の膳。
置合（め巻はんぺん・干し大根せん・唐辛子帯）。
香の物（粕漬・細大根）。
蒸しはまぐり。
飯。
煮立（鯛丸居切）。

花鰹やかいわれ菜など、付け合せの食材まで書いているので一見すると多彩《たさい》に見えるが、端的に言って質素な食膳といえる。この程度の献立を十膳や二十膳作るのに百人の専属料理人はいらないはずだから、日によって儀式用の特別な献立があったのだろう。日にちも儀式名の記載もないが、特別な献立の記録があった。次のものである。

塩澄まし吸ぃ物（鯛おろしみ、頭とも）。

澄まし同断（あじ・めとう）。

酢貝（新生姜）。

鉢盛り（色付け焼き鯛・あゆなめ・割いせえび・うしほ）。

朱大重（浸し物、うど）。

重（つくし、よめな）。

重（煮〆さかな詰め合わせ・つと半弁《はんぺん》・煮〆千鳥たいらき・煮〆丸剥《む》き大根辛和え・更紗はす・味噌漬け新生姜）。

重（くわし・吹きよせ）。

重（同断・梅饅頭《まんじゅう》紅白）。

澄まし吸ぃ物（白魚・木の芽）。

鉢盛り（割り伊勢えび・紅縁取り菊形蒲鉾《かまぼこ》・にしめ・赤えび・塩ふり焼き・合さより・色付け鮎なめ・巻たまご・菊形くねんぼう・煮しめ・竹の子・ふし入り・干大根せん・唐辛子帯・三盃漬け・三つ葉芹《せり》・湯葉《ゆば》巻・紅酢漬け・茗荷《みょうが》竹）。

重箱だけでも五つ。紅や紅白の色付き料理が目に付くので、何かの記念日か、あるいは来客であろうと思われる。何人前かは分からないが、これなら料理人の頭数は必要だ。

この一連の記録をみて気付いたのは、膾《なます》（さしみ）が献立に入っていないことだ。

また、このような特別献立が月のうち、夕食に九回、昼食に五回あった。すなわち月に十四日は特別料理を出す宴席または記念日があったと思える。


梅花大資料をもとに文政四年一月の、二十九日間の全献立から魚介類を書き出した一覧がある。

食事の回数は七十九。それによると将軍の食膳に刺身料理があった回数は、たった五回。そのうち二回は特別料理の献立のようだから、将軍の食膳には、月に三回だけしか刺身料理は出なかったことになる。ちなみに、その五回の魚は、「鯛だけ」が二回、「鯛とひらめ」が二回、「鯛とたこ」が一回であった。

江戸城には、江戸湾の活《い》きのいい魚が毎日のように届けられ、将軍の食膳にはいつも刺し身が…、ということはなかったのである。

これは新鮮な魚介類の入手が、現代人のわれわれが思うほど楽でなかったという流通の問題なのか、あるいは食中毒を恐れる調理上のことかは分からぬが、たいへん興味深い発見であった。

将軍の食膳にのぼった魚介類も意外な結果だった。

二十九日間の食事で、最も多いのは、鯛ではなく海老類の二十四回。鯛は二十二回だった。次を列記すると、貝類十九回、白魚《しらうお》十七回、石かれい十五回、きす十四回、蛸十二回、いか十二回となる。

ただ、鯛の名誉のために書き添えると、鯛は出ないが甘鯛が出ている日が四日ある。したがって「鯛または甘鯛」とすれば二十六回。一位に輝く。ことさら鯛の肩を持つわけではないが、海老類、貝類の使用頻度《ひんど》が高いのは汁の具だからだ。

また、きすは「魚偏《へん》に喜ぶと書き鱚《きす》」。縁起《えんぎ》がいい魚だから将軍の食膳には毎回、毎食出ると聞いたが…、これも根拠はなさそうだ。

刺身は月に五回だけだった。それは文政四年の記録。さかのぼること百二十年前の元禄十四年。例の年の勅使饗応の献立を今一度みると、本膳には「鯛とよせ赤貝の膾」。三の膳には「鯉子付《こいこつけ》・かき鯛の差し身」とある。

相当な苦労をして新鮮な食材を仕入れ、管理をしたのであろうか。いや、将軍の場合のように毒味や味見の手間はいらなかったから…　というのは穿《うが》った見方だろうか。

また、この膳に「よせ赤貝の膾」とあるのに驚いた。

天皇の食膳に赤貝の刺し身はのぼらない。これは四條流の口伝でわかっている。だが勅使の公式の膳には出しているのでお上と従者《じゅうしゃ》は違うのかもしれない。

こんな実話がある。

天皇の料理番を長く務めた四條流の料理人が民間に帰って来て、「赤貝が剥《む》けなくて困っていた」という。ある種、微笑《ほほえ》ましいエピソードだ。

将軍の朝食風景

将軍の日常料理の話に戻る。

これは知られたことだが、将軍一人のために、毎回、十人分の料理を作る。

作る場所はさきほど書いた御膳所。料理人は五十人に下働きが百人。これが将軍または正室のための調理場スタッフである。

十の食膳が作られた。

毒味役人が三人いて、うち当番の二人が一つの膳を食べる。毒味というか試食というか、ゆっくりと時間をかけて食べる。食べ終わっても暫《しばら》くは膳も毒味役もそのまま。言うまでもなく腹痛などの異常の有無の確認である。

異常なしとなると、九つの膳は長い廊下をしずしずと将軍の居住スペースである中奥に運ばれる。

ここで係の奥女中が盛付の乱れがないか、食器に汚れがないかなどをチェックする。

その際、冷《さ》めてしまった焼物や煮物を温めなおすという話もあるが、中奥には火鉢《ひばち》程度のものしかないので、大したことは出来ないだろう。そして中奥の女毒味役が一つの膳を食べる。

膳はここで八つになる。

八つの膳は、しずしずと将軍の居間に運ばれる。

料理が一汁五菜だとしても膳の数は一人前で二膳。それに椀の蓋《ふた》を置く蓋置膳《ふたおきぜん》もいる。

湯桶《ゆおけ》の膳もいる。ならば八人前の膳を運ぶのに二十四人、いや三十二人だろうか。その人数がしずしずと行列を作ることになる。まるでバカ殿が主役のバラエティー番組にありそうな光景だ。

この時点では、八つの膳のうちどれが将軍の前に置かれるかはわからない。

そしてようやく一つの膳が将軍の前に置かれる。同時に、二つの膳が二人の小姓《こしょう》の前に置かれる。

さて、お待ちかね、と言いたいところだが、まず小姓が箸を取り、食べ始める。

将軍はそれを見ている。

まるで喜劇的な光景だが、ややあって、ようやく将軍の膳の飯椀《めしわん》の蓋が取られた。

「いただきます!」とは言わないだろうが、待ちくたびれた将軍さまであった。

料理が御膳所を出て、将軍の口に入るまでの所要時間はどうみても二時間以上。この時間を勘案すれば、新鮮な刺身などとても食べられない。

また、将軍が鯛の焼物に一箸《ひとはし》つけるとすぐさま新しいものを出す、という話もよく聞いた。映画などでもそんなシーンを見たことがある。本当だろうか。あるとすれば、八つの膳のうち五つは残っているのだから、それを差し出すことは可能。新しいものなら二時間は待ってもらわなければならない。それ以外はない。

そこに残った五つの膳だが、これは傍役人《そばやくにん》の役得。別室で食べたのか、家に持って帰ったのか、あるいは折に詰め替えて弁当として販売したという説もあって興味津々《しんしん》だが、むろん証拠などはない。

もうひとつ脱線する。

将軍の朝食中には、「御髪番《みぐしばん》」（理容師）が数人やってきて、髪を整えたり、髭《ひげ》や月代《さかやき》を剃《そ》ったりするという。

月代とは、頭の上、髷《まげ》の下あたりを半月形に剃る髪形だ。武士、町人を問わず、浪人以外はみな、その髪形だから時代劇でおなじみだろう。頭頂部《とうちょうぶ》の毛を剃ったり抜いたりして、つるつるにするわけだ。

飯を食い、汁をすする将軍の頭のてっぺんの毛を、毛抜きで抜く。剃刀《かみそり》で剃る──。ちょいと間違うと将軍の頭から血が一筋…　おお怖い。失敗した奴は打ち首だろうか…。まさか飯を食いながらの理髪はないだろうが乱暴な話だ。

さらに内科、外科、眼科などの医師団が八名ほどやってきて診察をするという。飯を食う将軍の目の玉を医者が覗《のぞ》き込むのだろうか…。

まさか！

「将軍さまは超ご多忙につき、ご朝食の時も時間を惜しんで…」と言いたいのだろう。また、ある種の神格化もしたのだろう。

ところが将軍のタイムスケジュールをのぞくと通常の日の公務は、午前中は仏事だけ、午後は一時から二時まで御座の間（将軍の執務室）に入り、老中からの報告を受ける。決裁や大名との謁見《えっけん》もあったかもしれないが、たかが一時間の勤務である。

あとは自由時間！　とは言わないが、ゆったりした日常であることは時間割でわかる。別に、飯を食うときだけバタバタしなくてもよいわけだ。飯は飯、散髪は散髪で、どうぞごゆっくりなさればよろしい。

おっと、なにも将軍が暇人だと言っているのではない。ひとたび事があれば全国の長、日本国の主である。天下万民のためのご政道《せいどう》、よろしくお願い申す。

困窮の浪士たち

仮の町人、仮の旦那

浪士に悲しい知らせが続いた。
刃傷《にんじょう》第一報の早駕篭《はやかご》を飛ばした萱野《かやの》三平が自害した。
江戸急進派の高田郡兵衛《ぐんべい》が脱盟した。
ともに仇討ちの活動を親兄弟に知られ、血盟《けつめい》の同志との板ばさみに苦しんだ結果だ。
橋本平左衛門が遊女と心中した。貧しさと焦燥感《しょうそうかん》に負けたからだった。
小山田庄左衛門《おやまだしょうざえもん》にいたっては同志の片岡源五右衛門《げんごえもん》から、金子三両と小袖《こそで》（着物）を盗んで逃げた。

橋本、小山田ばかりでなく浪士は一様に窮乏《きゅうぼう》していた。

内蔵助もそれ相応《そうおう》の援助はしている。援助の内容は〝仇討ち費用の機密費《きみつひ》〟とでもいうべき裏資金を記録した『預置候金銀請払帳』に詳しい。

それによると「江戸借宅の家賃」は、百三十三両一分二朱と銀七十七匁《もんめ》九分余とあった。元禄の頃のおおよその目安で、銀六十匁は一両の勘定。一両は今の八万〜十万円としていい。また、上方は銀遣《づか》い（勘定）、江戸は金遣《づか》いだった。

その頃の家賃を調べると、当時の典型的な九尺二間（六畳一間程度）の長屋で銀十匁が相場だった。

また、庭付きの一軒家で月一両、そんな家に住み込む下働きの下女の給金が、年に一両一分とあった。

赤穂の武士たちが失業して屋敷を追われたのが元禄十四年四月、討ち入りが翌十二月。すなわち討ち入りの月まで二十ケ月分の家賃が必要となる。ふつうの長屋の家賃が、月に銀十匁なら二十ケ月で二百匁、金換算で約三両三分となる。（四分が一両）

仮に、百三十三両余で長屋を借りたなら四十五部屋が二十ケ月確保できる計算だ。

また、一軒家（下女なし）は二十ケ月で二十両。ここなら数人で住める。堀部弥兵衛の両国米沢町の借宅では同志との会合を持ったり、討ち入り前夜の全員の集合場所にしたほどだからかなりの家だったと思える。（集合場所は後に変更、分散した。）

江戸借宅の家賃補助の全ての具体はわからないが、数字からみれば、江戸勢の衣食住のうち住だけは、ほぼ確保はされていたことになる。

ここに「江戸借宅」と明記してあるように「上方の借宅」は補助していない。

但し、元禄十五年の秋口から上方勢が次々と江戸へ入っている。彼らの家賃や滞在費もこの資金から支払っているから何も江戸勢ばかりが消費していたわけではない。また、公金は吉田忠左衛門が管理していた。


浪士の生活補助費は六十六両余計上されている。

同『金銀請払帳』には、それが明記してあるので詳細は分かる。

「五両　中村勘助奥州白川江妻子引越候ニ付勝手指詰り及難儀候段承届為引料遣ス、手形有」。

「二両　武林唯七勝手不如意願ニ付遣ス、手形有」。という具合だ。

中村勘助は、郷里の奥州白河（現福島県）へ妻子を引越しさせる（離縁だろうが）資金を五両。武林唯七《ただしち》は、勝手不如意《かってふにょい》（やりくりがつかない）を願って来たので二両と書いてある。手形の有無とは領収書の有無ことだろう。

また、

「二分　不破数右衛門霜月中飯料ニ渡、手形有」。

「二分　矢頭右衛門七《えもんしち》霜月中飯料渡、手形有」。

などがあった。これで、「霜月（十一月）分の飯代（生活費）」を「月に二分」渡していたことが分かる。つまり困窮した浪士に家賃の全額と食費を月二分支給し、がんばれ、と言っていたのだ。再々書くが、二分とは一両の半分。今の四、五万円だ。

そんな生活支援が総額で六十六両。足りるわけはない。浪士の衣食住の衣食はまったく足りていない。

元禄年間、一般町人の生活費は四人家族で月一両ほどという。大工の日当が銀二～三匁すなわち二十日働いて六十匁（一両）ほど。ちょうど家族を養える金額だ。

さきの不破や矢頭は、月飯料として二分支給されていた。この金額で何とか食いつなげたのだろうか。

江戸に住む他の浪士たちはどうして暮らしていたのだろう。

江戸勢の暮らしぶりをみてみる。むろん、仇討ちを諮《はか》る赤穂浪士であることを隠す仮の姿だが、ここでは巷説《こうせつ》も戯作《げさく》も素直に受け入れて、その風姿《ふうし》を見てみる。

磯貝十郎左衛門《いそがいじゅうろうざえもん》は芝源助町で酒屋。

片岡源五右衛門も本所三ツ目町で酒屋を営む。

ふたりとも町人になっている。

酒屋というと今の小売店を連想するが、ちょっと違う。前章に書いたように、樽で仕入れた酒を庶民に枡や徳利で小口売りする小商売。誰にでも手軽にできる商売だった。

前原伊助《いすけ》は米屋になっている。店は本所二ツ目町、米屋五兵衛と名のっていた。むろん町人姿。

同じ店には神崎《かんざき》与五郎。仮名は小豆屋《あずきや》善兵衛。雑穀《ざっこく》やミカンを商ったり、小間物屋を装ったりしている。その神崎は美作屋《みまさかや》善兵衛とも名乗っている。また、前原の店と同居ではなく吉良邸の裏門の前に店があったとの説もある。一人二役のようだ。何としても吉良邸へ、の執念《しゅうねん》がみえる。

八百屋姿の勝田新左衛門《しんざえもん》は両国橋で妻の父にばったりと出会い罵《ののし》られている。

吉良邸の絵図面を大工の棟梁《とうりょう》の娘、お艶から受け取るのは、いなせな町人姿の岡野金右衛門。前原の米屋の手代《てだい》である。

夜泣きそば屋になり屋台を引くのは杉野十平次《じゅうへいじ》。店を出すのは吉良邸付近。


蕎麦《そば》が出てきたのでちょいと脱線。

値段が二八の十六文だから「二八そば」が定着しているが、元禄の頃の夜泣きそばは八文。具《ぐ》入りが十六文だった。

その具はなんだろう。天ぷらはまだない時代だ。

天ぷらや花巻、玉子とじをそばにのせたのは江戸も後期のこと。鴨肉《かもにく》とネギとの鴨南蛮《かもなんばん》そばや、鶏肉《けいにく》と鶏卵《けいらん》の親子そばも、その時期に誕生している。ちなみに江戸後期のそばの値段は、かけは十六文になっている。天ぷらそばは三十二文、それに燗酒《かんざけ》が四十文だった。ちょうど元禄の倍になっている。但し、他の物価は倍にもなっていない。なぜか、そばだけが倍の値になっている。

さて、元禄ごろの書物を探すと、「大根おろしのおろしそば」、「大根の千切りをのせた大根そば」があった。「山芋のやまかけ」もありそうだと記録を探すがない。おもしろいのは、「醤油をさあーっとひとかけする」があった。当時は高価な醤油だから、「ひとかけ八文」は分からなくはない。

ちなみに一文は今の二十円ほど。八文なら百六十円。具入りなら三百二十円。現在の立ち食いそばと同じような相場だ。

「二八そば」の語源は、「そば粉八割、つなぎ粉二割でごまかしはないよ」の品質のアピール説がほんとうのところだろう。主流になっている値段説はシャレが楽しいので定着したようだが、今になればどちらでもかまわない。但し、美味くなければいかん。


さて、浪士の方々の多くは、そんな町人の生活を送っている。

が、商売が順調で儲《もう》かったという話は聞かない。その裏付けではないが、片岡らも家賃の援助を受けていた。

町人になったり、なったふりも出来ないのが堀部安兵衛。町道場、堀内道場の師範代《しはんだい》となり剣術指南《しなん》で食っている。

その同類項は不破《ふわ》数右衛門。腕っ節が自慢で、かつては辻斬りをして内匠頭の逆鱗《げきりん》に触れ解雇された過去を持つ男だ。金欲しさに辻斬り強盗などせねばいいが。

潮田又之丞《うしおだまたのじょう》は、武士の召使《めしつか》いともいえる中間《ちゅうげん》になって吉良邸を探ろうとしたのだから、根性はナンバーワンだ。中間は武家奉公人といえば聞こえもいいが、身分は足軽《あしがる》以下、荷物運びなどの重労働が仕事。「奴《やっこ》さん」と呼ばれ、参勤交代《さんきんこうたい》の槍《やり》持ちを連想してもらえばいい。潮田は、赤穂では二百石をとり奉行職を勤めたれっきとした中級武士。そのプライドを捨てて、足軽にアゴで使われる中間となっているのだ。

潮田の仮の主人は米沢藩士の真貝弥七郎《しんがい》。討ち入りの時、吉良邸内で、その潮田とばったり。真貝は、「心外《シンガイ》、心外《シンガイ》！」と言いながら討たれていったという講談話も面白い。

そんな根性の人、潮田だから脱盟《だつめい》者に対しては厳しかった。

潮田が母に送った遺言には、「中村清右衛門、鈴田重八、同道いたし下り候《そうろう》が、先方へ打こみ候　日時ちかより候　故に、書きおき内蔵助殿へ残し、欠け落ち致し候。さてさて畜生《ちくしょう》同然の者、侍のつらよごしにて候。」と脱盟者を畜生《ちくしょう》だと罵《ののし》る。

そして、その手紙の文末は、「何事も定まりたる事と存じ切り、いさぎよく討死いたし候まゝ、御気遣《おきづか》ひ下されまじく候。」と武士の覚悟《かくご》。

これぞ忠臣蔵の人気の核《かく》である。

もう一つ、脱線したいのが大高源五だ。

俳人・宝井其角《きかく》と暮の街角で偶然すれ違ったのは、煤払《すすはら》い用の笹《ささ》売り姿の源五。その源五は、大坂の呉服商人脇屋新兵衛《わきやしんべい》、俳号は子葉《しよう》と称《しょう》して、茶人・山田宗偏《そうへん》に入門。旦那衆《だんなしゅう》の社交場ともいえる茶会や句会に出席、吉良方の情報を得ていた。

旦那衆と付き合うにはそれなりの服装もいれば小金もいる。『金銀請払帳』をみると、やはりあった。理由は様々だが大高源五が受け取っている額は飛び抜けて多く四十両にもなっている。旦那さんに化ける資金だろう。苦労がわかる。

そして暮の両国橋で其角とばったり。煤払いの笹を売る貧しい姿の源五を見て其角は、「年の瀬や　水の流れと人の身は」と詠《よ》む。

源五を赤穂浪士とは知らぬ其角が、「脇屋さん（源五の変名）は商売に失敗されたか、そのような貧しい姿で暮の町を。しかし世の浮き沈みは水の流れと同じで日々変わるもの。がんばってくださいよ」と言いたかったのだ。

そして源五は「あした待たるる　その宝船」と返す。「俺のことは、そのうち分かるよ。

ありがとう」の気持ちである。だが、流せぬ涙を飲んだであろう。

其角はその付け句を「再び商売を成功させて宝船に乗って帰ってくる」と読んで満足。

つじつまは合ったがトンチンカンな掛け合いだったのである。

ところが翌日、この貧しい笹売り姿が本懐《ほんかい》を胸にたたかう赤穂浪士・大高源五の仮の姿と知った其角は、己の不覚に膝を叩いたのであった。

さらに、この五十日後、源五ら四十七士の切腹の報を聞いた其角は、「うぐいすに　此の芥子酢はなみだかな」と詠んだ。句意は、「春の鶯に芥子酢《からしず》を食わせるようなむごい幕府の裁定に、私も涙、浪士も涙」である。

其角の涙、源五の涙。これがあるから忠臣蔵はいつまでも廃《すた》れない。

「義士四十七図　大高源吾」（尾形月耕画）

棒手振が支える長屋の暮らし

【西】江戸のおかみさんたちは、惣菜《おかず》は自分では作らずに、日常的に煮売屋や棒手振《ぼうてふり》（行商人）から、出来合いを買っていた、とは現代人は思っていないでしょうね。

【早川】要る物は要る時に要《い》る分だけ棒手振から買う。とても合理的ですよね。それに店構えの立派な商店は、武家か旦那衆を相手の商売で一般の人たち向けではない。一般庶民は棒手振から買う、それが普通だったのじゃないでしょうか。

【西】江戸の日常生活の主役は棒手振だったともいえますね。棒手振の商う物は極端じゃ

【挿絵】煮売り屋

なくて生活用品全部ですね。線香、漬物、炭、飲み水までは驚かないけど、印肉《いんにく》や火鉢《ひばち》、モグサ、それに、手拭《てぬぐい》の切り売り。これには本当かよ、と言いたくなりますね。

【入口】布は今とは比較にならないほど高価だったからだろうね。それにしても手拭を少しづつ買うとは驚いたね。

【早川】江戸の長屋の部屋には、今日使う物以外は何もなかったと思っていいでしょうね。どうだろう、鍋釜《なべかま》が一つづつと家族の茶碗と布団。小さな茶箪笥《ちゃだんす》と衝立《ついたて》が一つ、それに行灯《あんどん》が一つかな。それが普通の光景だったのでしょうね。

【西】長屋は九尺二間*が基本でしょう。坪数でいえば三坪。畳でいえば六畳でしょう。竈《かまど》や水瓶《みずがめ》の置く場所、玄関もいるのでそれに一畳半。だから居住スペースは四畳半かな。

【早川】そこで家族が暮らすのだから、凝《こ》った料理はできないでしょうね。

【西】気になったのは、「へっついが地から生《は》えてるいい暮らし」とい

*くしゃくにけん＝間口九尺（2・7m）奥行二間（3・6m）。標準的長屋の広さ。狭い家の呼称でも。

う川柳。竈《かまど》（へっつい）が地面から？　と調べたら、裏長屋の竈は、小さくて狭くて壁にくっついていて横なんか見えない。なかには移動式で七輪の兄貴みたいのもある。その点、大きな家の台所は竈も竈をしつらえるスペースもあるから、竈の全体が見える。

【入口】地から生えている小山のように見えるわけだ。

【西】そう、地面から直接土を盛り上げた堂々とした竈がある台所を見て、「すごいな、いい暮らしで羨《うらや》ましいなあ」と言ったでしょうね。庶民の一方の目ですね。

長屋の部屋のランクを示す言葉に「一つべっつい」「二つべっつい」というのがありました。「べっつい」は「竈」。だから竈が一つだけの家も多かったということですね。そんな長屋の竈には煙突《えんとつ》もない。薪《まき》のくべ口が排煙口《はいえんぐち》なんだから、家の中は煙で大変だろう。せいぜい飯を炊く、湯を沸かすくらいが精一杯で、料理なんか煙《けむ》くてできるわけはない。

【早川】そうですよね。私たちはどこか、現代の台所のイメージを引きずっているから見間違うのね。

【西】 さっき早川さんが言っていたような借家の部屋では、寝場所も狭く家財道具なんか、かえって邪魔《じゃま》というのも道理ですね。伊勢詣《いせもう》でに行くからといって借家を引き払っていることでも分かります。その数ヶ月の家賃が勿体《もったい》ないというより、家には何もないのだから借家は持っていても空家賃と一緒。返すのが当然ということでしょう。

【早川】 芭蕉も奥の細道に発《た》つ時には、本所《ほんじょ》の家を引き払っていますよ。芭蕉でも置いておくような家財道具はなかったのかな。

【西】 豪華な家財道具に囲まれていては、ワビサビもないよね。空っぽの方が芭蕉らしくていい（笑い）。

食べる事は卑しいこと？

【早川】 人前で物を食べることは、はしたないこと。特に女性に対しては、いけないことだと躾《しつ》けられていましたね。口は汚いということが前提なのかしら。「口が卑《いや》しい」と食べることを蔑視《べっし》する言葉もあるほどでしょう。

【入口】箸《はし》がそうだね。自分専用の箸を使うのは日本だけ。西洋のスプーンもフォークも共用でしょう。中国や韓国、タイやベトナムも箸を使いますがどれも共用。日本人だけは人が使った箸を使わない文化を持っているわけですね。

【西】なぜだろう。人前で物を口に入れることはいけないこと、という発想からかな。

【入口】日本料理道の教えでは、「箸は、神様と人間が共食する神聖な道具」としていますが、あまりに教条的《きょうじょうてき》かもしれないけど…。

【早川】お箸ばかりじゃなく、お茶碗も個人個人の物を持っていますね。箸箱もそうだし、お弁当箱もそうだし。これも日本の食文化の一つですね。どれも共有だって少しも困らないのにね。箸は神聖《しんせい》な物という教えは案外、正統《せいとう》かもしれませんよ。

【西】小さい頃から、箸の使い方でずいぶんと叱られたな。刺し箸、迷い箸、指差し箸。箸をぺろぺろと舐《な》める、ねぶり箸。これなんか、おばあちゃんに見つかると、火を吹いたように叱られたよ。

【入口】食べ方も大切な食文化だからね。

【西】出されたものは残さず全部食べなさい。刺身のつまやトンカツのキャベツも、家ではうるさくは言わないけど、外でよばれる時はきれいに食べなさいと言われていたね。

【早川】それは庶民文化でしょうね。公家《くげ》文化は出されたものは全部食べないのがマナー。会席料理*もそうですよね。

【入口】そうですね。その席では食べずに、折《お》箱《り》に詰めて持って帰るのが本膳料理《ほんぜんりょうり》*の常ですね。将軍が鯛の焼物に一箸つけると下げちゃうっていうでしょ。これは本当かどうかは別にして、残すことが当たり前だったわけだ。

【西】食べ方も食文化だと思ったのは、入口さんの本*で本膳料理の正しい食べ方を知った時ですね。洋食のマナーは教室があるくらいで、みなさんは真剣なのに、和食の食べ方は知ってる？　と言いたくなったね。

【入口】　和食の食礼《しょくれい》、*西さんは覚えている？

【西】　覚えているかと言われると心もとないけど、左手で飯椀の蓋をとり、膳の左にあおむけて置く、から始まることは、ぼんやりだけど分かるつもり。飯はまず二口食べる。箸を置く。汁椀を持ってから箸を持ち、一口吸う。汁の具は小さなものから食べる。箸を置く。でしょう。

【入口】　よくできました（笑い）。飯、汁、飯、おかず、飯、おかずという風に交互に食べるのが基本ですね。堅苦しいことや難しいことは別にして、和食の席にもマナーがあることを知っていただくだけでもいいと思っています。

【西】　箸の持ちっぱなしはいけない。手で持てる大きさの器は、手で持っていただく。一度習っておくと案外、覚えているものですね。

*食事の食べ方のマナー。

討ち入り

討ち入り前夜の祝いの膳

装束《しょうぞく》も揃《そろ》え、武器や武具も準備した。いよいよ討ち入りである。

「そば切が二十　うどんが二十七」。

討ち入り前、浪士たちが集合したという有名な「そば屋の二階」のシーンだ。二十人がそば切、二十七人がうどんを注文したという。合計四十七人。そばの好きな江戸派が二十人、うどん好みの関西派が二十七人という出来すぎた設定。東西の数も、だいたいは合っているようだ。実におもしろい川柳で、さもありなんと思う。

但し、これは『誹風柳多留《はいふうやなぎだる》』（江戸中期大流行した川柳秀句集）の世界で事実ではない。討ち入り当日（暦《こよみ》的には前日）の手筈《てはず》については、内蔵助が『人々心得覚《ひとびとこころえおぼえ》』として細かく指示している。

「宿に泊まっている者は宿賃を払い、借宅で一人の者は、近く上方へ行くと言って家賃を清算し、午後には示し合わせた同志の家で待機する。その後、吉良邸に近い、堀部安兵衛宅（本所林町五丁目）、杉野十平次宅（本所徳右衛門町一丁目）、前原伊助宅（本所村生町二丁目）に目立たぬように入り、武具、装束を整え、時を待つ。八つ刻（深夜二時）の鐘を合図に各所を出発、安兵衛宅前で集結、吉良邸に向かう。」である。

午後、堀部弥兵衛宅には大石内蔵助、吉田忠左衛門、原惣右衛門、小野寺十内、吉田沢右衛門、寺坂吉右衛門らがいた。大石主税《ちから》もいた。

弥兵衛は門出《かどで》の祝いだと言って祝い膳を用意していた。

「略式でござるが」と各自の前に、杉の平膳が出された。

平膳には木皿が三つ。一つの皿には熨斗鮑《のしあわび》。一つには昆布《こんぶ》、一つにはかち栗が盛られている。さらに杉の三方が一つ。ここには、三つ重ねの盃《さかずき》が置かれている。

立派な祝儀用膳《しゅくぎようぜん》である。

「おう〜っ」と忠左衛門が感嘆《かんたん》の声を上げる。

「熨斗鮑、かち栗、昆布。のして、勝って、喜ぶじゃ」と惣右衛門。

一同の笑顔が弾《はじ》けた。

「さぁさぁ、まいろう」と弥兵衛が朱塗りの銚子を持ち、「まずは一献」と内蔵助の前に進み出る。

「では、」と内蔵助が盃を差し出すと、酒が三度注がれる。

内蔵助が飲み干す。

順に各人へ作法通りに酒が勧められ、一つ目の盃が終る。

そして三方に置かれた熨斗鮑などを口にすると二つ目の盃である。

これにも各自に三度、酒が注がれる。

三つ目の盃も同様。三度が三回、計九度。現代も三三九度《さんさんくど》の盃として残っている祝儀の決まりである。

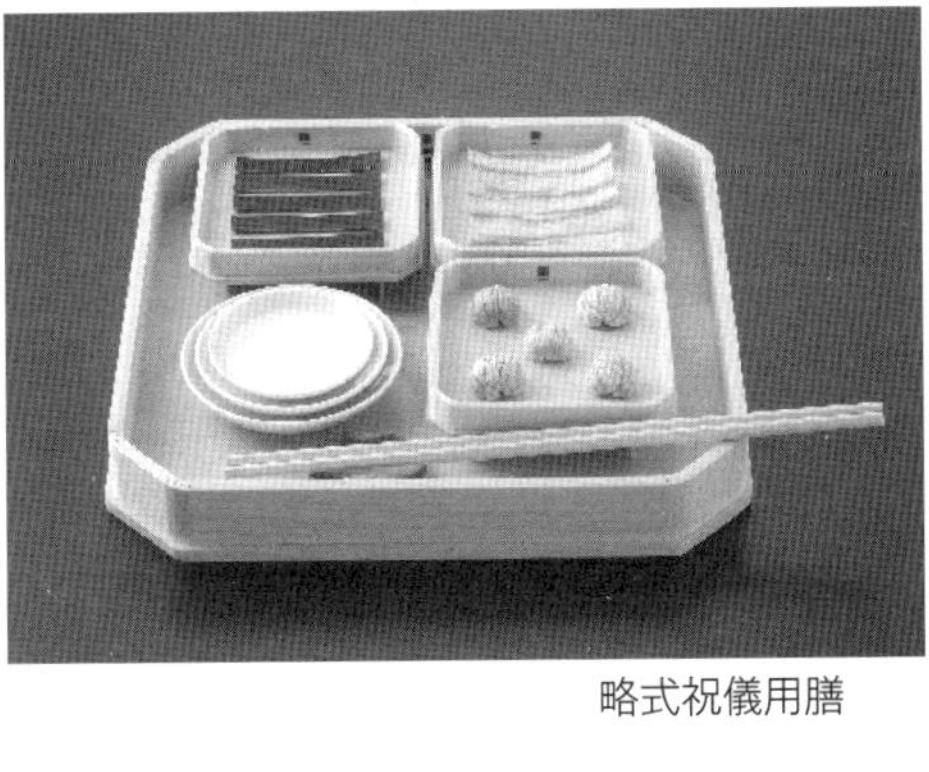

略式祝儀用膳

三つ重ねの盃は、当初は下から大、中、小と重ね置かれている。即ち、飲む方は、小、中、大の順に盃が来る。そして、飲み終わった盃は、元の三方に戻ると、下から小、中、大と重ねて置かれる。上の方が広がって置かれているわけだ。

弥兵衛は盃の載《の》った三方を、皆に見えるように持ち上げると、腹からしぼり出すような低くも力強い声で発した。

「末広《すえひろ》でござる」。

下から、小、中、大と重ねられた盃は見事に上が広く、末広を形作っている。

一同は感動の涙を抑えるように何度も何度も、うなずくのであった。

やがて膝《ひざ》を崩《くず》した一同は、若かりし日の武勇伝に大いに花が咲き、賑やかな門出となったのである。

町中の木戸《きど》が閉まる亥の刻（夜十時）前に、一同は堀部安兵衛宅に移動したはずだが、その途中、両国橋の近くの亀田屋という茶屋に立ち寄り、「忠左衛門ら八、九人」はそば切りなどを食べている。

その記録に内蔵助の名はない。どうやら別行動をとっていたようだ。

亀田屋は両国橋と回向院《えこういん》の近く、すなわち吉良邸がすぐ近くに見える場所。安兵衛らは、そばが食いたくて行ったわけではなかろう。当然、その周辺の下見である。

内蔵助も酔ったふりをして微薫低吟《びくんていぎん》、吉良屋敷の表門前の道や裏門あたりの道を、端唄《はうた》や謡曲《うたい》を口に、行ったり来たり…、行ったり来たり…。

♪旅の衣は～　すずかけのぅ～　辺りをキョロキョロ、辺りをキョロキョロの内蔵助であった。

けんどん屋

ともあれ、そば屋は登場した。他にも「楠屋」など赤穂浪士が当日に立寄ったという、そば屋が自称他称《じしょうたしょう》、数軒あるようだ。これらが例のそば屋の二階の話の元となったのだろう。川柳子《せんりゅうし》はまるで根も葉もない創作はしていなかったようだ。

但し、少々うんちくを言わせてもらえば、この時代、「そば屋」といえば屋台、行商の「夜そば売り」を指す。店舗を構えて、そばや饂飩《うどん》を食べさす処は「けんどん屋」と言った。

「けんどん」の語源《ごげん》は諸説あるが、「慳貪《けんどん》」と書き、「貪欲《どんよく》で、けちけちする」という意味がどうやら主流。その字面《じづら》で分かるように上等の食い物店ではない。

江戸風俗を描いた大冊《たいさつ》『守貞漫稿《もりさだまんこう》』に、「けんどん屋のそば切が六文」とあった。屋台のそば屋が八文（後に十六文）だから、店舗を構える、けんどん屋より、行商の立ち食い屋台の方が高いのだ。そばの質も味も差はないというのだから、その価格の訳がまるでわからない。

外食産業のはしりともいえる「けんどん屋」だが、実に解説しにくい店である。

さまざまな資料を総合して事典風に書けば、

「外食が世間に認められ始めた元禄時代、うどん、そば、一膳飯《いちぜんめし》、酒などを盛り切り一杯で出す店ができ、主に職人、労働者が弁当代わりに利用していた。安価で手軽なのでバカにされながらも、なかなか繁昌していた。また、蕎麦や饂飩の出前もして人気があった」となる。

丼物はこんな店にルーツがあるのかもしれない。

古川柳で「けんどん」を探してみた。「けんどん」の立場が分かる。

「けんどんが　毎晩くるとわるくいい」

博打場《ばくちば》への出前だろうか、料理を手抜きする女房への嫌味《いやみ》だろうか。出前が珍しくなくなった頃だ。

「けんどんを　嫁は手前の箸で喰い」

けんどん屋の箸は不潔《ふけつ》だから…。身分の低い、卑《いや》しい職業の人が利用しているので、同じ箸は使いたくない…。そんな句だろう。

現代人がけんどん屋の営業形態《けいたい》をみても嫌悪感《けんおかん》はないはずだ。今なら一膳飯屋《いちぜんめしや》や牛丼屋として当たり前に存在する店である。だが、江戸時代は「一杯めし」「一杯酒」は行儀の悪い典型。飯も汁も酒も二杯がルール。特に一膳飯は仏様《ほとけさま》だと嫌われる。思い出してほしい。内匠頭も上野介も湯漬けを二杯食べている。要る要らないじゃない。これがルールでマナーなわけだ。

侠客《きょうかく》の世界でもそうだ。

旅人が他所《よそ》の土地の親分の世話になる「一宿一飯《いっしゅくいっぱん》」の仁義《じんぎ》作法だが、その食事は毎回、大ぶりの茶碗に山盛りの飯が二杯。腹が減っていようが満腹だろうが二杯の決まり。一杯で止めると仁義をしらない奴と叱られる。

汁や惣菜《そうざい》はあり合わせが出るが、少しも残しちゃいけない。魚なら残った骨は紙につつみ、懐中《ふところ》に入れて持ち帰る。食べ終わった膳の上には何にもない。醤油のあともない。

これが旅人のマナー。任侠のマナー。男はつらいよ。

さて「けんどん屋」の店舗だが、もちろん粗末《そまつ》なもの。『守貞漫稿』をみると戸も障子《しょうじ》もなく、表から店内が見えるオープンな座敷だ。絵は京三条のものだが江戸も大差はあるまい。そんな店が江戸中期以降に、蕎麦、饂飩、酒を店内で提供する「そば屋」と呼ばれる店に変わっていったのである。その、そば屋が居酒屋の前身ともいえる。

だから元禄十五年、そば屋での会合は無理がある。料理屋か茶店でそば切りを食ったのだろう。

さらに言えば、江戸市中で夜の十時以降に営業している店はない。

吉原遊郭だって夜の十時に木戸が閉まって通行止め。湯屋（銭湯）だって夜八時には閉店だ。そばを食いたいのなら屋台の二八そばしかない。これなら夜も遅くまでやっている。

但し、四十七人前も用意はできまい。

江戸のお酒はビール並み

【西】堀部安兵衛の高田馬場《たかだのばば》の決闘*の時ですが、八丁堀《はっちょうぼり》の長屋から高田馬場まで韋駄天走《いだてんばし》りで走りに走り、途中で喉《のど》が渇《かわ》いたからと酒屋に寄って五合升《ます》に酒を一気に呑んで、また、走って決闘の場に行くという有名な場面がありますよね。

【入口】刀の鞘《さや》に酒をプッーと吹きかけて、格好のいいところだ。

【早川】そんなに飲んじゃ走れないだろう、ということでしょ（笑い）。

【西】先にやられちゃうな（笑い）。その通り。芝居、講談の世界だからこれは大目に見るとして、江戸時代の大酒飲み大会*の記録をみると唖然《あぜん》としますね。「千住の酒合戦」や「万八楼の酒合戦」などは太田南畝《おおたなんぽ》*や滝沢馬琴《ばきん》*の書物に細かく書かれているし、彼らが審査員や立会人にもなっているので、まるっきりのホラとは思えないのだけど、それにしても四升や五升はざらで、優勝は七升五合には驚いたね。

*元禄七年二月の史実。安兵衛（旧姓・中山）が菅野六郎左衛門の助太刀をして名を売った。四人斬りとも、十六人斬りとも。

*江戸中期以降、盛んに行われた一種のイベント。酒合戦の記載は、太田南畝の『後水鳥記』に詳しい。

*なんぽ＝江戸後期を代表する文人、狂歌師。洒落本に秀逸。

*ばきん＝江戸後期の作家。「南総里見八犬伝」。曲亭とも。

【早川】普通の人間なら死んじゃいますよ。お酒が薄かったのですか。

【西】老舗《しにせ》の造り酒屋のご主人に聞いたら、江戸時代も今も日本酒のアルコール度数は十六度から十九度くらいで特別なことをしない限りは変わらないという。じゃ、江戸の酒は、なぜ薄いのと聞くと明快。「水で薄めている」。それも江戸に着いてから方々で薄めていましたよ。

答えは、税は酒株*の石高に課税される。江戸へ運ぶ廻船《かいせん》の運賃は樽の量。だから生産地の灘《なだ》（兵庫）や尾張からはアルコール度数の高いままの「生酒」や「生一本《きいっぽん》」を送る。量を圧縮《あっしゅく》しておいた方が得なわけでしょう。それを買った江戸の酒問屋《とんや》がまず水で薄める。それを仕入れた仲買人《なかがいにん》がさらに水で薄める。それを仕入れた小売店が味をみながら水を足《た》す。もう一つおまけに、飲み屋や煮売屋が客の顔色をみながら、また薄める。こんな仕組みだったのです。

問屋が廻船から買った一樽（四十升）が水で増量されて二樽に。それを仲買い人が三樽に増量、小売店が四樽にする。アルコール度数で言えば、当初が十八度とすれば小売の酒屋では四分の一の四度から五

＊さけかぶ＝酒の原料は米。幕府が米の統制と課税のため設けた制度。酒造株。

度になっているわけだ。

【早川】水っぽくって飲めないと思うけど、何か工夫をしていたのでしょうか。

【西】意外ですが特別な工夫はしていない。当時の生の酒は糖度《とうど》が今より格段に高いのですって。わかりやすく言えば味がとても濃い。現代人の舌では、まずくて飲めないくらいらしい。だから水で薄めてちょうどよくなるらしい。

【入口】ただ水を足すだけじゃ、店によって味はばらばらだね。水だって、当時の江戸の水は濁《にご》っていて、まずい。水が命の酒だから、相当まずい酒になっているね。

【西】さすが料理人。見るところが違う（笑い）。当時の酒は酒屋によって味が違うのが当たり前だったみたい。どの店もてんでんばらばら。だから升酒屋（酒の小売店）では味見をさせて売っています。

【早川】そういえば、落語の『七度狐《しちどぎつね》』＊の中にこんな話がありますよ。煮売屋にある酒が「むらさめ」「にわさめ」「じきさめ」。どんな酒な

＊上方落語の人気演目。原話は笑噺本「無事志有意（ぶじしゅうい）」という。

のかといえば、「むらさめ」が「村を出たあたりで醒《さ》める」。「庭さめ」が「庭を出たあたりで醒める」。「じきさめ」にいたっては「飲んだらじきに醒める」ですから、薄い酒ですよね。客が「酒の中にたくさん水を入れるんだろう」というと、亭主は「いいえ、そんなことはしません。水の中に酒を入れるのです」ってオチになる。

【入口】いいね。拍手したくなるね。「金魚酒」っていうのもあったね。金魚が泳げるほど薄い酒ということでしょう。こんな言葉が出来たくらいだから、酒が水で薄くされているのは、当時の常識だったのでしょう。升酒屋も、飲み屋も利益をあげるためには水増しの勝負だね。

【西】ところが、当時の大きな酒屋は一斗*単位の樽売りしかしなかった。大きな樽でとても買えない庶民が升酒屋で小口売りを買っていたわけだよね。升酒屋は大きな酒屋から樽で仕入れて、水で薄めていた。だから、仕入れた樽の方は、まだ濃かったというか―

【入口】同じ酒でも、樽の方は、まだ薄める前だからね。

【西】樽買いできる金を持った人は、うまい酒を飲めて、貧乏人の方

＊十合が一升、十升が一斗。通常見る大きな樽は四斗樽。

は水で薄めた酒しか飲めないというか、買えないというか。よくありそうな社会の格差がこんなところにも見えましたね。

【入口】さっきの落語「七度狐」の舞台も庶民相手の升酒屋か煮売屋でしょう。酒の薄いわけを知っていて、それが世の中だと納得する貧乏人同志だからこそ、オチで笑える話になっているわけですよね。

店の方も、いかに水っぽく感じさせない按配《あんばい》で水増しするか、升酒店の腕の見せどころだね。

【西】磯貝十郎左衛門や片岡源五右衛門*が、そんな芸当ができたとは考えられないね。

【入口】難しいだろうな。料理でも味を薄めるのは難しいからね。

アルコールが四度や五度というと、ちょうどビールですね。清酒一升は飲めないけど、ビールの一・八リットルなら飲めるかもしれない。瓶ビールで二本半だものね。

【西】入口さんの友達にビールの十本くらいは飲めるという人は何人もいるでしょう。

*討ち入り前に赤穂浪士の身分を隠して「升酒屋」をしていた。

【入口】いるいる。板前は酒呑みが多いからね。私も昔は呑んだ。

【西】昨日の晩もでしょう（笑い）。昔なら酒合戦に出て四升や五升呑んで入賞することになるわけだ。

【早川】堀部安兵衛の韋駄天呑みも、そんな酒なら分からないことはないですね。ところで酒合戦の時には、肴はあったのでしょうか？

【西】醤油や味噌、花塩。口直しに舐《な》めるようなものばかりでしたね。なかには海鼠腸《このわた》など上等なものもありましたよ。真っ赤な焼き唐辛子《とうがらし》もあった。それと驚いたのは酒合戦や大食い大会の入賞者には五十、六十の年配の人が多い。七十台も珍しくない。

【早川】それは頷《うなず》けますよ。家長《かちょう》として家督《かとく》を守っている人はムチャをしない。もしものことがあると家が潰《つぶ》れてしまうでしょう。武士などは自分の家もそうだけど藩の手前もあるから危ないことはできない。商家の旦那さんもそう。現役のときはやりたいことも自重して、隠居《いんきょ》をするまで無理やムチャはしないわけ。まして大酒呑みや大食いなどバカなこと、現役の時はするはずもないでしょうね。

【入口】だから家督をゆずって楽になったから、大いにバカをやってやろう、だね。気持ちがいいね（笑い）。

【西】同感、同感。食えるだけ食う。飲めるだけ呑む。これ以上ないというくらいバカな遊びだ。というより、まるっきりバカだ（笑い）。

大食い大会に、飯がふつうの茶碗で五十四杯という途方もない記録が残っています。おかずは唐辛子だけ。この人は浅草の和泉屋《いずみや》吉蔵七十三歳とある。和泉屋は屋号でしょうから、やはり商家のご隠居かな。飯を五十四杯も食うのは命懸けでしょう。でも拍手したいね。第二の人生は大酒、大食いに懸ける（笑い）。

【早川】大食いや大酒と一緒にしたら叱られるけど、第二の人生の歩み方の典型《てんけい》は伊能忠敬《いのうただたか》＊ですね。佐原《さわら》＊の大店《おおだな》の旦那で五十歳で家督《かとく》を譲ってから全国の測量事業を始めた。

【西】尾張の地名を纏《まと》めた『尾張国地名考』の津田正生《つだまさなり》＊も造り酒屋の隠居です。探せばもっといるでしょう。学者より文人墨客《ぶんじんぼっきゃく》に、そんな経歴の人はかなり多いでしょうね。

＊江戸後期の測量家。「大日本沿海輿地全図」を完成させた。

＊佐原＝現千葉県九十九里町。

＊尾張の造り酒屋。三十一歳より、尾張の地名の調査を。

【早川】隠居という字面《じづら》とは逆で、現役時代に大いに働いて稼いで、残りの人生を充分に楽しむという、積極的な生き方をしたのが当時のご隠居さんですね。

芝居見物、旅行、三味線や謡曲。茶道、俳諧もそうかな。そんな趣味にたっぷりと時間をとれる程度のお金を持ったご隠居さんは、みんなの憧《あこが》れだったかもしれませんよ。早く隠居したいから一所懸命に働く、そんな風潮《ふうちょう》すらありました。いわゆる旦那芸《だんなげい》を育てたのは、大店の放蕩《ほうとう》息子と粋なご隠居さんだったのでしょうね。江戸の成熟《せいじゅく》した文化は、案外、ご隠居さんが作ったのかもしれませんね。

料理人・芭蕉

【早川】忠臣蔵に折々に登場する宝井其角《たからいきかく》*は豪快な酒というか、酒癖《さけくせ》が悪かったのか、師匠の芭蕉に注意されていたようです。句をみても、「大酒に　起きてものうき袷《あわせ》かな」「酒くさき　鼓《つづみ》うちけり今日の月」

*江戸前期の俳諧師。芭蕉の門下で「十哲の一人」。芭蕉死後は江戸の最大勢力に。

「いざくまん　年の酒屋の上だまり」。どうみても大酒呑みの匂いがしますよね。

【西】いわゆる無頼派だったのですよね。だから赤穂浪士に強い肩入れをしていたのかな。芭蕉もかなり呑んだ方でしょうね。

【早川】相当いけた口だと思いますけど、いい酒だったと思いますよ。酒で失敗したり苦情を言われたりした記述《きじゅつ》はみませんね。

【西】「呑みあけて　花生《はないけ》にせん二升樽」。二升呑んだ？　呑んでないよね。

【早川】まだ見てるだけ（笑い）。それに酒を楽しんでいる雰囲気があっていい句ですね。

【西】芭蕉はもともとは料理人でしょう。だから酒や料理にはうるさいはずですよね。

【入口】えっ！　料理人なの？　それは光栄だな。

【早川】芭蕉は藤堂《とうどう》藩*の準武士待遇で藤堂良忠《とうどうよしただ》*に料理人として仕えていました。やがて俳諧《はいかい》の道に進んで俳聖《はいせい》といわれるほどになるのです

*津藩の支藩。

*津藩伊賀上野の侍大将五千石の藤堂良清の三男。俳人。

けど、十八歳ごろから二年ほどは、料理人、台所用人だったといわれています。

【西】芭蕉は、わびさびの句風や「花にうき　わが酒白く飯黒し」（白く＝濁り酒、黒し＝玄米飯）の影響もあるから、食も質素だと言いたくなるけど、芭蕉はかなりグルメで食いしん坊だったのじゃないかな。食べ物に拘《こだわ》りがあることは句や書き物をみても分かりますよね。鰹《かつお》、河豚《ふぐ》、蒟蒻《こんにゃく》、豆腐。食べ物がらみの有名な句も多い。それに何か、食い物に対する執念《しゅうねん》みたいものがみえる（笑い）。

【入口】料理の俳句もあるの？

【西】ありますよ。「苔汁《のり》の　手ぎわ見せけり浅黄椀《あさぎわん》」は、料理人の目じゃないかな。

【入口】間違いないね。これは料理人が海苔《のり》を火にあぶる様子を見ているのでしょう。海苔は今も昔も色紙《しきし》大のご存じの大きさだけど、料理する直前に火にあぶって香りを出すわけ。その時、一枚づつあぶるのじゃなく、一束《たば》の十枚を片手に持って、四隅《よすみ》、四隅をくるくると廻して火にあぶる。外側の海苔ばかりじゃいけないので、中の方の物を外に、外の物を中に、くるくると入れ替える。そんな料理人の手技を見ていたのでしょうね。

【西】へぇ〜。まるでトランプの手品だね。

【入口】そんな凄いものじゃないけど、料理人の技は技ですね。火にあぶられた海苔はみるみると青い色に変わる。香りも立つ。この時にいい海苔かどうかわかるのです。芭蕉のころは七輪だったでしょう。小さな七輪の火の上で忙しく海苔の束を廻すのだから、芭蕉も料理人の目でそれを見て、「おぬし、出来るな」の感じだったのでしょうかね。

【西】「秋涼し　手ごとにむけや瓜茄子《うりなすび》」。茄子は手で剥《む》きますか。

【入口】茄子の漬物は庖丁でなく手で裂《さ》きなさいを言っているのでしょうね。茄子は金っ気を嫌う。手で裂いた方が味が濃くなっておいしい。松茸なんかもそうですよ。これは料理人の感覚だね。

【西】「あられせば　網代《あじろ》の氷魚《ひお》を煮て出さん」は、自分で煮焚きをすると言っていると読んでいいんでしょう。

【早川】この句には、「膳所《ぜぜ》草庵《そうあん》を人々訪《と》ひけるに」の前書きがありますから、「膳所の庵《あん》*」を訪ねてきてくれた人々に、土地の名産を芭蕉自身が煮炊きして、ご馳走《ちそう》しようとしていると読むこともできますね。

【西】「網代」はよく分からないのですが、網で獲るということなら、活きている氷魚ということでしょ。食材にも拘っているということだ。

【入口】そうだね。鮎《あゆ》の稚魚《ちぎょ》が氷魚、アナゴの稚魚が、のれそれ。ボラの稚魚がすばしり。どれも新鮮じゃなきゃいけない。芭蕉はわかっているんでしょうね。

【西】芭蕉の好物を探すのだけど、蒟蒻《こんにゃく》が好き、瓜が好き、とろろ汁が好き。要するに美味しい物なら何でも好きなわけだ。キノコにあたって胃腸を悪くして寿命を縮めたというのも本当らしいから、愛すべき食いしん坊だったのでしょうね。但し、有名な「あら何ともなや　きのうは過ぎて河豚汁《ふぐとじる》」の上五の字余りは、安心感より、「河豚は嫌い」がにじみ出ていますがね。

【早川】伊賀の芭蕉庵に客を招いてご馳走した時の献立がここにあり

*滋賀県大津市近く。芭蕉は『奥の細道』の途中、膳所で越年をした。

ます。*頭書きに、「八月十五夜」とあります。
芋煮〆
酒
のっぺい（しょうが）
吸い物（ゆ＝柚子《ゆず》　つかみ豆腐、しめじ）
煮物（ふ、こんにゃく、ごぼう、みょうが、里芋、木くらげ）
中ちょこ（もみうり　くるみ）
香物
肴（人参　初椎茸　しぼり汁　すり山の芋　醤油）
くわし＝菓子（かき）
吸い物（松茸）
冷めし
とりさかな
【入口】これが芭蕉の献立ですか。料理もわびさびの世界ですね。
膾《なます》がない。まったくの精進料理です。一見、何かの精進の日かなと

＊元禄七年に芭蕉が伊賀上野の生家に帰った時、門人をもてなした。

も思ったけど、「芋の煮しめ」、芋名月*の料理ですね。「生姜《しょうが》ののっぺい」に心が動くね。吉野葛《よしのくず》でとろみをつけたのかな。気になるのは、吸い物の「つかみ豆腐」です。こんな献立用語はない。『豆腐百珍』*にもないはずだ。「つまみ豆腐」なら、豆腐と山芋をすり合わせて団子状に「つまみ」、料理するものはあるけどね。芭蕉は文学者だから造語かな、後世の人の写し間違いもあるのかな。

【西】この献立書きを写真で見ましたが、確かに「つかみ」と書いてあります。献立用語にないというなら、芭蕉のこだわりか造語、あるいは書き間違い。面白いですね。

【入口】料理そのものは正統派、立派なものです。

【西】芋名月の芋が、やがて月見団子に変わっていくんですよね。

【入口】芋に似せた団子を飾るようになったのですが、地方によって団子の形が違って面白いですよ。関西のある地方なんか里芋に似せて芋の蔓《つる》まである団子ですよ。

【西】俳聖芭蕉は研究し尽くされているけど、料理人松尾宗房《まつおむねふさ》*を研究

*いもめいげつ＝旧暦八月十五日、中秋の名月。里芋を供えることから。

*とうふひゃくちん＝江戸中期の豆腐料理を百種紹介した本。

*芭蕉の本名。俳人となった初期は俳号もこれ。

した人はそういないでしょう。入口さんの出番ですよ。芭蕉は藤堂家の台所で、どんな料理を作ってどんな味だったのでしょう。

【入口】困ったことを聞くなぁ（笑い）。

キーワードは元禄時代と藤堂藩と伊賀上野ですね。

ずばり、豆腐田楽《でんがく》、クルミなどの木の実、それと猪の肉や山鳥が常食だったかもしれない。地産地消《ちさんちしょう》と栄養バランスは当時の料理人の無意識だけど基本ですからね。味付けは味噌でかなり濃い目。いい米はとれるから飯は美味しい。海が遠いので魚は少ないはず。もしかする伊賀街道があるので、伊勢や京の料理の影響もあったら面白いけど、考え過ぎだろうね。芭蕉がいた伊賀城の膳はこんなところかな。

【西】う～ん。感心しました。地産地消ですね。鮮魚は山の中だからない。猪や雉はそこらにいる。当然の献立だよね。

【入口】芭蕉が山芋や蒟蒻が好きだというのはこの辺りが名産地だから。故郷の味だからでしょう。河豚が嫌いらしいが、武家は河豚はご法度《はっと》。二十歳の芭蕉は食べた事はなかったでしょうね。食わず嫌いだね。大人になって急に食えといっても好きにならないでしょう。
【西】ほとんど無名の芭蕉が、最初に江戸に上ったときに頼ったのが、日本橋の魚問屋「鯉屋《こいや》」。この店は江戸城御用達の大店です。主人は、杉山杉風《さんぷう》*の俳号をもつ俳人で後々も芭蕉の有力スポンサーとして知られた人です。

「何？　魚屋？　芭蕉の料理人時代の知り合いじゃないか…」と、こじ付けたくなるけど無理でしょうかね。そして芭蕉は長く杉風所有の家にいたのだから、時には台所に立って魚をさばいていた…　と思うと楽しいですね。

*芭蕉の高弟。無名から最後まで芭蕉を支えた。通称・鯉屋市兵衛。

吉良家の茶会

堀部弥兵衛や吉田忠左衛門がそば切りを食っている頃。大石内蔵助が端唄《はうた》を唸《うな》りながら吉良邸の塀《へい》の外を行ったり来たりしている頃、塀の中では上野介主催の茶会が開かれていた。

主賓《しゅひん》（正客）は、老中の小笠原《おがさわら》佐渡守長重《ながしげ》。副賓（次客）は旗本で高家肝煎《こうけきもいり》の大伴《おおとも》近江守義孝《よしたか》と同じく旗本で高家肝煎の品川伊氏《これうじ》であった。

半東《はんとう》を務めるのは山田宗偏《そうへん》。千家宗偏流《せんけそうへんりゅう》の宗匠《そうしょう》で上野介の茶道の師匠でもある。

半東とは聞きなれない言葉だが、一口に言えば茶会の主人（亭主）の補佐役。茶会の進行を仕切ると同時に、亭主の点《た》てた茶碗を客の前に運ぶ役目もする。亭主はむろん上野介である。

この日の客の、小笠原も大伴も品川も、上野介とはごく親しい間柄で知られた人物だ。「松の廊下事件」が起こり、世間に、「浅野に同情、幕府を批判」の風が吹いた際、彼らは三人とも要職《ようしょく》から外された。「吉良と親しい」との理由からだ。だが、そんな理由だけで降格するわけはない。幕府が彼らを風除《よ》けにしたのである。

そして批判の風が止むと、「ごくろうさん」とばかりに、ちゃんと要職に戻す。

このように幕府や世間から見れば、上野介と一心同体《いっしんどうたい》に見える三人である。

その一同が集まっての忘年の茶会。気心の知れた仲間との忘年会である。酒も入り、あれやこれやと話に花も咲いたことだろう。

茶会は、八つ半（午後三時）から始まった。

茶室は裏門に近い庭にある。

ふつう茶室というと小さな数奇屋《すきや》造りに、にじり口という形を連想するが、吉良邸のそれは独立した一軒家風、それも二階建てである。広さも一階部分で八畳間にして二つはあるだろうか。長い縁側《えんがわ》がついている。庭には大きめの灯篭《とうろう》が一つ。この日は灯篭に雪が積もっていたことだろう。

茶室と庭は塀で囲まれていて、北側が母屋《おもや》。そこに上野介の隠居の間や寝所がある。さらに北側に大きな庭があり、そこに炭小屋がある。浪士が討ち入った時、上野介が隠れていたという炭小屋だ。

茶室の南側。庭の先には内塀があり、その向こうはずらりと長屋塀である。

長屋塀とは人の住む部屋そのものが塀になっている武家屋敷の象徴的《しょうちょうてき》な建築で、塀の中に武士が住んでいるのだから、敵の進入を防ぐには極めて効果的な造りだ。

吉良邸は東西百三十メートル、南北六十メートル。そのほとんど全部が長屋塀、部屋の数は屋敷の片側だけで二十。東西南北すべてだと六十部屋はある。ここに百二十余名の吉良方の侍が住んでいたのだ。

茶会は料理から始まる。茶懐石《ちゃかいせき》料理である。

この日の献立だが……どうも記録はないようなので得意の推測《すいそく》に入る。但し、ただ推測しても信憑性《しんぴょうせい》に欠けるので参考書を探したら、いいのがあった。

侘《わ》び茶から大名茶《だいみょうちゃ》に変わった元禄ごろの茶道を盛んに書いているのが遠藤元閑《げんかん》という茶人。その一冊に元禄九年刊の『茶湯献立指南』があり、ちょうど「十二月十四日之晩献立」があった。

言うまでもなく吉良邸の当日の茶会の献立とは違うが、時代もほぼ同じ、月日も同じだから、当時の大名茶会の献立は、このようなものだったことは分かる。

菊皿　煎酒　池盛（鯉　子付　みかんの輪）
汁（塩鯛うすみ　よめな　うどめ）
煮物（白魚　玉子　くくたち）
食

中酒　肴（うなぎの酢　うどの子）
引而　香之物
敷かみ　八寸（ほうぼう　色付）
茶菓子（玉子たんず　ぎんなん）
御茶　惣菓子　竜眼肉

菊皿の「池盛」は、「活《い》け盛《も》り」とみていいだろう。

盛り付けを見てみよう。

鯉の活け造りに、鯉の子が波のしぶきに見立ててあしらわれ、輪切りのみかんは、美しい月、あるいは夕日のように盛り付けられている。

煮物も、白魚、玉子、くくたち。すなわち、白、黄色、緑の彩りだ。肴も、うなぎの黒とうどの子の白。調和のとれた美しい色合いである。

惣菓子に続く後菓子、すなわちデザートは竜眼肉《りゅうがんにく》。これは高級な果実だ。見た目は銀杏《ぎんなん》の実に似ている南洋原産の木の実で、殻核《からたね》をとって果肉を食べるもの。味は甘美で渋みがなく、何より一切の病人によく　また、長く用いていると、聡明《そうめい》になり身を軽くするといわれる高級薬膳《やくぜん》食材である。ぜい沢に慣れた大名や旗本が好きそうなデザートだ。

そのぜい沢は、こともなげに書かれている「うどの芽」「うどの子」がそうだ。うど（独活）は春から初夏の山菜。また、つぼみや茎は採取《さいしゅ》期間が短いもので、冬の献立では極めて珍しいもの。少なくとも寒い江戸近辺では採れない、季節外れの高価な品だ。

逆に、八寸の「ほうぼう」は今が旬。目の下が三、四十センチもある立派な魚だろう。それを三枚におろし、色付け焼きにする。色付け焼きとは、醤油に古酒か味醂を合わせて火にかけ、刷毛《はけ》で薄く塗りながら焼くもの。旬の美味さが引き立つ。

この料理は、見た目は色鮮やかで華やかな。そして滋養にも気を配った膳。美しく、ぜい沢な料理である。


かつての千利休《せんのりきゅう》の茶会の献立は、このようだった。

汁　納豆
雁へキヤキ　黒芽山椒
菓子　麩《ふ》の焼　椎茸

汁も叩いた納豆。雁《がん》へキヤキとは薄く切った雁の肉を醤油で煮込んだ物。そこに黒山椒をふったのだろう。菓子も麩《ふ》の焼いたものなら煎餅だ。それとデザートは椎茸。見た色目も、茶色、こげ茶色、黒。地味なものだ。

これが侘び茶の、利休の膳である。

先のが大名茶の膳。吉良邸の茶会の膳は大名茶の膳。いわずとも雲泥《うんでい》の差がわかる。

話は前後してしまうが、侘び茶と大名茶に触れておく。

千利休により武家階級に支持され、ある種のステータスを持つようになった侘び茶だが、江戸時代に入り、武家ばかりでなく商家など町人階級にも広まるにつれ、少しずつかたちを変え始めていた。これは一般大衆が分かりにくい「わびさび」に親しめなかったことと、時代の安定から人々は、ぜい沢を求めたことが原因であろう。しかし、この変化は茶道を衰退《すいたい》させるどころか、かえって茶道の普及《ふきゅう》に寄与《きよ》したというからおもしろい。

この現象《げんしょう》を利休は予言していたのだから、さらにおもしろい。利休は「侘《わ》び寂《さ》びの心など大衆に浸透《しんとう》するわけはない」と当初から思っていたのだ。

「十年ヲ過ギズ　茶ノ本道廃タルベシ　廃ル時　世間ニテハ却ツテ　茶ノ湯繁昌ト思ベキ也」。（茶の本道（侘び寂び）は十年も持たず廃《すた》れるだろうが、その時こそ茶の湯は繁昌《はんじょう》していると思う）。

なんじゃこれは、と思うほど、どんぴしゃりな予言。予告といってもよかろう。

そして利休の思い通り、大衆は習い事として茶の湯を求めて流行。武家は階級的ステータスを満足させるために華美な茶道を編み出したのである。これが大名茶である。

さて吉良邸の茶会であるが、一つの運命を感じる。

もし、小笠原佐渡守がこの晩、吉良邸に泊まっていたらどうなったろう。

大名茶会は酒宴でもある。煎酒、中酒と酒が出て、最後は預け徳利もある。預け徳利とは、わかりやすく言えば飲み放題と同意語。そこで飲みすぎた小笠原が寝込んでいることも考えられる。

——そして討ち入りがあったら、

小笠原は名うての剣客。なまじ腕に自信があるから、逃げたり隠れたりしない。かと言っても、寝ぼけ眼《まなこ》のお殿様だ、重装備《じゅうそうび》の浪士と、まともに戦っては、とてもじゃないが勝ち目はない。ここでお陀仏《だぶつ》……もあった。

討ち入りの翌日。

江戸城内での老中会議、討ち入りの裁定《さいてい》である。激論《げきろん》が飛び交っていた。

大勢は、「赤穂浪士は武士の鑑《かがみ》――」という中、一歩も引かぬ厳罰《げんばつ》論者が小笠原だった。血相《けっそう》を変えて、「夜盗《やとう》同然の浪人どもも、それも日雇《ひやと》い人足《にんそく》になりすまし吉良邸内を探るなど武士の風上にもおけぬ行状。磔《はりつけ》獄門《ごくもん》だ!」との剣幕《けんまく》。その剣幕が温情論を押し切って、一時は「全員厳罰《げんばつ》」の裁定《さいてい》が下るところまでいっていた。

磔とは柱に罪人をくくりつけ槍《やり》で刺し殺す刑。獄門とは、首を獄門台《ごくもんだい》に載せて二晩三日、「晒《さら》しもの」にするもの。そこには罪状《ざいじょう》や一族の氏名も貼《は》り出すというから、これ以上ない厳罰である。

小笠原にすれば、仲良しの上野介が討たれたこともあるが、あと数時間、吉良邸に居れば自分も殺されていたかもしれない――、という怒りもあったとみる。何といっても前夜に現場にいたわけだ。足がわなわなと震《ふる》える思いだったろう。

もしやもしやの推理の続きだが、小笠原は武蔵国岩槻《いわつき》藩主、五万石の大名で現役の老中だ。はて、何人の供《とも》回りを連れて吉良邸に来ていたのだろう。五人や十人ではあるまい。それも老中側近の警護隊《けいごたい》。屈強《くっきょう》な武士たちがついているはずだ。

討ち入りの時、吉良家の戦闘員は百二十名以上いたが、実際に戦闘に参加したのは半分もいなかったようだ。

それは、長屋の出入り口や雨戸を、かすがいや釘《くぎ》で打ち付けられて出られなくなったり、「裏門隊五十名は庭へ！」、「〇〇隊七十名は！」との、偽《にせ》の大声で恐れさせられたりしたことも大きかろうが、要は戦闘意欲がもとより低かった。

それは俄《にわ》かに雇った非正規雇用武士、今流に言えば、アルバイトか派遣《はけん》社員、いわゆる傭兵《ようへい》だから無理もない。もとより彼らは吉良家に恩《おん》も縁《ゆかり》もない。そんな男たちが、金にもならないのに命を楯《たて》に戦うわけはない。

多くは身の安全を第一に、戦闘を放棄《ほうき》したのだ。

ところが老中の警護隊はそうではない。地位も誇りも家もある正規の武士。腕もある。そう簡単には逃げない。

そんな筋金《すじがね》入りの武士たちが赤穂浪士の前に数十人も立ちはだかれば、赤穂方の苦戦は必至《ひっし》。それを見て隠れていた吉良の傭兵たちも出てくる。勝ち目があれば褒美《ほうび》ほしさに、がんばるやつも出てくる。

だとすれば、赤穂の浪士たちは返り討ちにあっていた可能性はかなり高い…。

小笠原老中が帰宅していてくれてかえってよかった…。

忠臣蔵は考えれば考えるほど面白い。

さて、討ち入り前夜。本所松坂町吉良邸の茶会は、戌《い》の刻（午後八時）ごろに散会した。

小笠原老中を乗せた駕籠《かご》が吉良邸の門を出て行く。続いて大伴近江守の駕籠、品川伊氏の駕籠が間をおいて吉良邸を去っていった。

最後まで残った山田宗徧が上野介に一礼、

「良いお正月をお迎え下さい」。

にっこり笑って上野介、

「お世話になり申した」。

宗徧の駕籠が雪の本所に消えて行く…。

「さてさて、きょうは愉快じゃった。呑み過ぎ、しゃべり過ぎで小腹が空いた。湯漬けでもすすって寝るとしよう」。

吉良上野介の最期《さいご》の晩餐《ばんさん》は、湯漬けであった。

いざ吉良邸へ

「堀部安兵衛宅、杉野十平次宅に集結《しゅうけつ》した四十七人は、八つ刻（深夜二時）の鐘を合図に吉良邸に向った」が定説。そして討ち入りは寅《とら》の上刻（深夜三時過ぎ）だったようだ。

それは寺坂吉右衛門《きちえもん》（信行）文書や討ち入り後の浪士たちの遺書や証言なのだから疑う余地は少ない。ただし、討ち入り前の吉良邸への行程については、かなりの不思議も残る。

集合場所となった堀部や杉野の家から吉良邸まで約九百メートルである。小走りで十五分、普通に歩いて二十分ほどの九百メートルだが、慣れぬ装備《そうび》を身に付け、武器を持ってのこと、この道のりは決して短くはない。

その道のりを、手に手に槍《やり》や長刀《ながかたな》を持った四十七人もの集団が、江戸の町中をまったく人目につかず移動することは、いかに深夜二時とはいえ不可能に近い。まして、その姿は火事装束《しょうぞく》とはいえ異様《いよう》なもの。目立たないわけはない。

当時の江戸の絵地図で、堀部の家から吉良邸までのルートを探ってみた。

大まかに三つある。

一つ、武家屋敷の居並ぶ一帯を行くのが最短距離。これが九百メートル。ここには十家余りの武家屋敷、旗本屋敷がある。武家屋敷は辻番《つじばん》を設けるのが責務《せきむ》。だから、屋敷の数だけ辻番があるわけだ。

辻番とは、今の交番か派出所のようなもの。火事や盗賊を四六時中見張っている。夜は六人の不寝番《ふしんばん》が詰めている。彼らは警備が本職だろうから難敵だ。

二つ、堀部の家の前に竪川《たてかわ》という川がある。ここを舟で行けば吉良邸のすぐ近くに着くことができる。これなら人目に付かずに移動できそうだ。しかし、深夜に営業している舟はいないので、前もってチャーターしなければならない。十人乗りなら五艘《そう》、二十人乗りでも三艘。時刻も時刻、そんな特別な予約はあっという間に町の噂だ。危険すぎる。

三つ、辻番のいる武家屋敷を避《さ》け、ぐるりと大回りして町人の街を抜け、両国橋から吉良邸へ。一見、良さそうだが、難問山積。町人の街には町内ごとに木戸《きど》と呼ばれる門がある。門は午後十時で閉まる。これを通るには、木戸番《きどばん》に銭を握《にぎ》らすか、脅《おど》して開けさせるしかない。さもなくば門を叩き壊《こわ》して通る。

木戸は町内に必ず一つあるのだから、吉良邸まで少なくとも三つや四つはあるはずだ。その全てがうまくいくとは限らない。それに町人の街は人口密度《じんこうみつど》が高い。人が多い。騒ぎになると手がつけられない。

ともあれ方法はこの三つしかない。

少し視点を変えてみる。

仮説だが、もともと彼らは堀部や杉野の家には集合してはおらず、吉良邸裏門のすぐ前の前原伊助の店に、数日前より目立たぬように各自が別々に集まって来ていた。これなら町の中を徒党《ととう》を組んで歩くリスクを回避《かいひ》できる。前原の店から飛び出せば、吉良邸の正門まで数十秒だ。良い作戦だ。だが、討ち入り後、誰も証言していないところをみると、これは筆者の深読みが過ぎるのだろうか。

吉良邸に隣接した屋敷には土屋主税逵直《ちからみちなお》がいた。討ち入りの時、「高張提灯《たかはりちょうちん》」を塀にかかげて赤穂浪士を側面から支援したことで知られた旗本だ。

この土屋主税の赤穂びいきは芝居・講談の世界ばかりでないようだ。もしや、この土屋さんが内蔵助はじめ四十七士を前日より屋敷に匿《かくま》っていたならば…、これなら完璧《かんぺき》に作戦を遂行《すいこう》できる。

討ち入り成功後、各大名家に預けられた浪士たちは、仇討ちまでの経緯《いきさつ》や苦労話を手紙や遺書にさまざまに書いている。それで仇討ちの全容《ぜんよう》が見えているのだが、この吉良邸までの九百メートルは誰も書いていない。なぜだろう。書けば確実に迷惑《めいわく》をかける人がいるからと思えてならない。

内蔵助は遺書に、「若年寄もご存じのことで、見て見ぬふり…」と書いている。これは京よりの東下《あずまくだ》りの際を指《さ》しているのだが、この九百メートルのこととも読める。

さて、資料にない話ばかりしていてはいけない。

さきほどの三つのルートだが、内蔵助は一つ目の最短距離ルートを選んだようだ。

そのルートに立ちはだかる辻番という難関。それはどうなったのだろう。

辻番は、幕府設置のものや諸藩設置のものがあるが、「二十歳以上で六十歳以下の下級武士がその任にあたり、昼は四人、夜は六人の交代制で二十四時間、担当地域を警備する」とある。

但し、古川柳がいろいろと教えてくれている。

「辻番は　生きた親仁《おやじ》の捨て所」や「辻番は　棒（つえ）を突《つ》かぬと転ぶたち」とのように、窓際《まどぎわ》武士あるいは、杖《つえ》がいるような年配武士の閑職《かんしょく》だったとみる方がよさそうだ。その証拠ではないが、「辻番に　たまたま若いはねがらみ」と若い者の元気を珍しがっている。そして、「辻番の　奥の手は戸を立てる也」。面倒になると、さっと戸を閉めてしまうのが通常とみえる。

討ち入り後の浪士の証言に、「辻番がわれわれを見て（不審《ふしん》に思い）出てきたので、槍を突きつけたら『真っ平お許しを』と言って小屋に引っ込んでしまった。」というところからみると、身体を張って警備という仕事をしていたとは、とても思えない。

四十七士は堂々と辻番の前を通って行き、辻番は「命をかけるほど、給金は貰っちゃいねえ」とばかりに見て見ぬふりをしていたのだろう。

その光景を、「辻番は　槍が通ると本を読み」と川柳家に笑われている。

こんな川柳も面白い。

「辻番と思えば鰻《うなぎ》やいて居る」

当時は夜間、火を使う煮炊きは禁止。昼間でも、二階で火を使うことは禁止など、火の始末にうるさい時代だが、それを取り締まる立場の辻番はＯＫ。その特権を利用、鰻を焼くアルバイトに勤《いそ》しんでいたようだ。言っておくが、この辻番たちはお侍さんである。

まぁ、いかにも泰平《たいへい》の元禄時代だった。

さて討ち入りである。

この名場面は既に何百名という作家に書きつくされている。筆者が今さら書いても新鮮味はないので、端的《たんてき》に吉良邸討ち入りの模様を書いてある『江赤見聞記《こうせきけんぶんき》』の一節を引用してお茶を濁《にご》すこととする。

「十二月十四日之夜、惣人数四十六人本所へ集り、堀部安兵衛杉野十平次借宅にて支度いたし、寅の上刻　吉良上野介殿屋敷え罷越候、屋敷脇にて人数二手に分、表門よりは階子を掛　屋根を乗越入候、裏門はかけやを以打破り押入候」。

そして見事、本懐《ほんかい》を遂《と》げたのである。

討ち入りを終え

大名火消装束の一行が堂々と引き上げる。襟元《えりもと》には、各々《おのおの》の姓名が書いてある。江戸の町は一気に盛り上がった。映画のシーンを借りれば、空は晴れわたり、冨士山も間近に見える朝の町。沿道には人、人、人の歓声が。

「赤穂のご浪人が仇討ちを果たしたぞ」

「大したもんだ」。

つい最近まで、「腰抜け侍」、「大石でなく軽石だ」と散々に言われていた浪士たちだが、きょうは「ご浪人」と「御」がつくから世間の変わり身は早い。

吉良邸から三時間余、堂々と吉良の首を掲げて歩く一行を咎《とが》める役人もおらず、まさに凱旋《がいせん》であった。

一行が墨田川《すみだがわ》に架《か》かる永代橋《えいだいばし》へ差しかかる。その橋詰《はしづめ》に大高源五の俳諧の同門、竹口作兵衛の店があった。乳熊屋《ちくまや》味噌店である。大高を見つけた作兵衛はねぎらいの言葉をかけ、浪士一同に休憩を促《うなが》し、甘酒粥《あまざけかゆ》を振る舞ったという。

諸説あるが、今も同店の前にその旨を記した石碑があるので、それを是《ぜ》としておく。

碑には次のように記されている。（句点、改行などは筆者）

赤穂四十七士の一人、大高源吾子葉は俳人の一人として有名でありますが、ちくま味噌初代竹口作兵衛木浄とは、其角の門下として俳界の友でありました。

元禄十五年十二月十四日、討入本懐を遂げた義士達が永代橋へ差し掛かるや、あたかも當所乳熊味噌店上棟の日に当たり作兵衛は一同を店に招き入れ、甘酒粥を振る舞い労をねぎらったのであります。大高源吾は棟木に由来を認め、又看板を書き残して泉岳寺へ引き上げて行ったのであります。

昭和二十八年二月　ちくま味噌十六代　竹口作兵衛識

作兵衛が振る舞った「甘酒粥」とはどんなものだろう。湯の代わりに甘酒《あまざけ》を使った粥《かゆ》、あるいは甘酒の中に飯を入れて煮たもの、としか想像できない。

しかし、そんな物、まずくて食えない。たぶん、「甘酒」と「粥」を出した。それを文字にする時にくっつけて書いた。これが正解だろう。

○

ところでこの隊列は四十六人であった。

一人足りないのは寺坂吉右衛門。寺坂は討ち入りに参戦、上野介の首をとった後、内蔵助の命によって隊列を離れている。一部には吉良邸には行かず、討ち入り前に「欠落《かけお》ち」した、「逐電《ちくでん》」した、という説もあるが、『寺坂信行日記』に書かれる吉良邸内のありさまは、空想や聞き書きではできぬ具体性がある。吉良邸にはいたはずである。

しかし泉岳寺にはいなかった。

この行動を途中の離脱《りだつ》と見て、「死を恐れる卑怯者《ひきょうもの》」、「身分卑《いや》しき故」と良くない評判もあるが、仇討ちの結果を、内匠頭の妻・瑤泉院《ようぜいいん》に伝えたり、浪士の遺族に報告する役目を内蔵助、あるいは彼の主、吉田忠左衛門から与えられていたとみるべきだろう。

また、内蔵助らが「寺坂は吉良邸に行かなかった」と取調べで言ったのは、「吉良邸に行っていないから罪はない。罪はないから追う必要はない」との方便《ほうべん》で、寺坂に託《たく》した任務《にんむ》を側面《そくめん》から応援していたとみる。

もし寺坂が、死を恐れ、引き上げ途中に逃亡《とうぼう》したのなら、浪士たちの処分が決まる前に瑤泉院の所へ行ったり、播州亀山《ばんしゅうかめやま》へ帰ったりはしない。捕まるのが怖いのなら、しばらくは隠れているはずだ。

寺坂はそうしなかった。堂々と仇討ちの顛末《てんまつ》を世に知らせるために余生を過ごした義士の一人である。彼の書き残した『寺坂信行日記』は『堀部武庸《たけつね》日記（安兵衛）』と共に、赤穂浪士仇討ちの生き証人の記録であり、掛け替えのない史料として役立っている。

寺坂文書の解説に某学者が、「寺坂は身分が卑しいので信用性に欠ける」との旨を書いていた。身分の卑しき者ゆえ、その言動も卑しいとの見方こそ卑しきことである。

禁酒の泉岳寺の酒

巳《み》の刻（午前九時）頃のこと。芝高輪《しばたかなわ》・泉岳寺《せんがくじ》の中門に、三人の火事装束の武士が駆け込んで来た。岡野金右衛門らである。装束には血糊《ちのり》もみえる。

門前の僧は両手を広げ、「何者ならん」と境内への進入を止めた。

岡野は声を張り上げた。

「われわれは浅野内匠頭の家来である。只今、怨敵《おんてき》、吉良上野介を討って来た。吉良の首を亡き殿の墓前に捧げたい。和尚様《おしょう》にその旨をお伝え願いたい」

「それはご大儀《たいぎ》。さぞかしご本望でございましょう。さっそく、方丈様《ほうじょう》にお知らせいたしましょう」。

僧の態度、言葉づかいが一変した。

やがて内蔵助ら一行も寺に着き、内匠頭の墓前へ。一同は正座し深々と頭《こうべ》を垂れた。墓前には、寺の井戸で洗い清めた上野介の生首が供えられた。

内蔵助は腹から押し出すような声で墓に向かい、こう発した。

「吉良の首でござる。怨《うら》みぞ晴《はら》し給《たま》へ」。

浪士の間にすすり泣きの声が聞こえた。

衆寮《しゅうりょう》（僧たちの居間）に通された一同の前に、泉岳寺の酬山長恩《しゅうざんちょうおん》和尚が現れた。

「この度は、さぞかし本望でしょう」。

「本望、これに過ぎるものはありません。今、大目付の仙石伯耆守《ほうきのかみ》様へ吉田忠左衛門と冨森助右衛門《とみのもりすけえもん》を使いに出しております。追って御沙汰《おさた》がありましょうから、しばしの休息をお許しください」と内蔵助。

和尚が「ゆっくりお休みください。要るものはご遠慮なくお申し付けを」と言うと間もなく、湯漬けが運ばれて来た。寺の僧の計《はか》らいである。

「まずは一口召され。温まりましょう」

と役の僧。

「湯漬けもよいが、酒を進《しん》ぜなさい」

と酬山和尚。

「酒をで、ございますか?」

と戸惑《とまど》う役の僧。泉岳寺は禁酒の寺である。

和尚は丁寧《ていねい》にこう言った。

「この寺は、『不許葷酒入山門《くんしゅさんもんにいるをゆるさず》』を掲げる禁酒の山である。しかしながら赤穂の方々は、本日、格別な働きをされ、さぞ草臥《くたび》れておられよう。疲れを癒《いや》すために般若湯《はんにゃとう》を用意して振る舞うように」。

般若湯とは寺で使う酒の隠語《いんご》。酒は薬の湯という解釈《かいしゃく》だ。

役の僧は大きく会釈《えしゃく》。和尚はさらに、

「禁酒の寺に酒を入れたことについては、後日、寺社《じしゃ》奉行にその理由《わけ》を私が説明しましょう」と言い切った。

時をおかず酒が運ばれて来た。燗《かん》酒であった。

「大勢さまの分で、急ぎましたので、鍋で燗をしました。燗の具合《ぐあい》はお許しください」

「なんの、なんの。これは上々、これは上々」。

一同は、喜んで酒を飲み始めた。

ほっとした空気が衆寮に流れた。

和尚の指示で寺の中門は閉められていた。寺の前には赤穂浪士をひと目見ようと、大勢の江戸っ子たちが押しかけていたからである。

門前には幾重《いくえ》にも人垣ができていた。そして物見《ものみ》高い江戸っ子たちの歓声は広い境内の奥にある衆寮まで聞こえている。

その声を上杉の討手《うって》かと気にする内蔵助に和尚は、

「いかに大大名の上杉様とはいえ、寺社の門を割って来るようなことはありません。お家が吹っ飛びます」

「分かっておるのですが…」と内蔵助。

――「実は…」と言いそうになって口をつぐんだ。

その実は…、だが、内蔵助は、上野介の実子上杉綱憲《つなのり》の討手とは当初から対決するつもりだった。討ち入りの際も「上杉の軍勢が来たら、吉良邸内に止まり戦うこと」と同士たちに命じている。

また、上野介の首をとった後も、しばらくは吉良邸の隣の回向院《えこういん》で上杉勢を待ち、対決するつもりだった。この時は回向院に入山《にゅうざん》を拒《こば》まれ、やむなく泉岳寺に向った。泉岳寺でも、風呂に入ることを勧められたが、「万一、上杉勢が来るといけないので」と断わっている。

内蔵助は上杉家と戦いたかったのである。

戦いは赤穂浪士四十七人と上杉十五万石。勝負は見えている。しかし、上杉が勝ったとしても幕府よりの厳罰《げんばつ》が待っているはずだ。「喧嘩両成敗《けんかりょうせいばい》」である。ここでこの法律を実行しなければ天下の御法、言い換えれば幕府の面目が立たない。必ずその沙汰が下る。

そして浅野家やその家来たちが、松の廊下事件以来、抱《いだ》き続けた、片手落ちの処置による不条理《ふじょうり》な思い、そのうっ憤《ぷん》がここで晴れるのである。

仇討ちの最終場面は上杉家との対戦。そして喧嘩両成敗の裁《さば》きを誘う。それが総決算。内蔵助はそう考えていたのである。

「非時《ひじき》でございますので、ありあわせですが――」と膳が運ばれた。

非時食とは食事時間以外の食事のこと。修行《しゅぎょう》僧は正午から翌朝四時まで食べ物を口にしない。その時間帯を非時《ひじ》という。その非時に例外的に作る食事が非時食である。

膳が置かれた。

煮物は湯気が立っている大根と蕗《ふき》。辛味噌をあしらってある。汁は山の芋と豆腐。香の物は塩の効《き》いた水菜と蕪《かぶ》の千枚漬。

非時食とはとても言えぬ気の配りである。今の浪士たちには温かい献立がなによりのご馳走。役の僧は人の心を知っている。

内蔵助も大役を終えた安堵《あんど》からか、ゆっくりと盃を口に運び始めた。だが、まだまだ気が立っている様子だ。

それを気遣って堀部弥兵衛が言う。

「もしやこの酒が今生《こんじょう》の別れやもしれん。大石殿、ご自慢の酒の五戒《ごかい》を忘れて、痛飲されたら、いかがかな」。

それを聞いて浪士の一人が、「酒の五戒とは何でござる」。

してやったりと弥兵衛。

「大石殿は酒を呑むにあたって五つの戒《いまし》めを定めて、それを大盃に書いたり、色紙《しきし》に認《したた》めたりしておるのじゃ」。

一同の目が自分に集まったことを見計らって弥兵衛は、

「よろしいか、
一つ、酒を呑んでの喧嘩口論《けんかこうろん》硬く無用。読んで字の如《ごと》くじゃ。

一つ、盃は下に置くべからず。酒にも相手にも失礼じゃ。

一つ、したむべからず。酔って酒をこぼすのは、みっともない。盃を、ちゃんと持てぬほど酔ってはならぬということじゃ。

一つ、おさへること無用。もっとも相手によるべし。しつこく酒を勧めていかんということじゃ。まぁ、しつこく勧めてほしい安兵衛のような男は例外と申しておるがのう。

一つ、助けるなど申すにおよばず。但し、女はくるしからず。他人の分まで酒を呑んではいかんということじゃ。女子《おなご》の分はよろしいと申しておる。どうじゃ、酒呑み五戒じゃ。おい、安兵衛、お主《ぬし》もしかと心得召《こころえめ》されよ」。

それを受けて安兵衛、

「まるで拙者《せっしゃ》に向けて申しておられる五戒のようでござる。申し訳ないが、この世では、ただの一ケ条も守れそうもござらぬ。あの世では心得申そう」。

すると内蔵助、

「安兵衛には、六戒目を進ぜよう」

はて、と一同。

すると内蔵助、芝居がかった声で、

「一つ、韋駄天《いだてん》走りの途中は呑むべからず」。

かつて高田馬場の決闘場に走りに走った安兵衛の姿である。

泉岳寺の衆寮がどっと湧いた。

夕刻近く、大目付・仙石伯耆守《せんごくほうきのかみ》より呼び出しの使者が来た。仙石邸へ出頭せよとのことである。

そして内蔵助ら一同が泉岳寺を出たのは、すっかり日の落ちた六ツ頃（午後六時）。同寺には都合、九時間にもなる滞在《たいざい》であった。この九時間は、彼らにとって長い一年半の辛苦《しんく》を癒《いや》して余りある宴《うたげ》の時となったのである。

一礼して門を出る浪士たち。かがり火があかあかと焚《た》かれている門前。そこには泉岳寺の僧が全員、立ち並んでいた。そして合掌。

浪士一同が見えなくなるまで見送っていたのであった。

とんだ割りを食った毛利家

戌《いぬ》の上刻（午後八時）ごろに仙石伯耆守邸に出頭した四十六人は取り調べを受ける。

朝から富士山がくっきりと見える晴天のこの日だったが、この時ごろから大粒の雨が降り始めていた。

豪雨《ごうう》の音を耳にしながら四十六人は神妙に幕府の沙汰《さた》を待っていた。

仙石邸での待遇は悪くない。茶と菓子も出ていた。やがて、浪士の身柄《みがら》は四つの大名家に分けて預けられることが仙石家の家老から通知された。

それは、次の通りだが、この時点では水野家が十人になっていた。寺坂吉右衛門が数えられていたからだ。

大石内蔵助、吉田忠左衛門ら十七人は、熊本藩の細川越中守《えっちゅうのかみ》の高輪《たかなわ》下屋敷。

大石主税、堀部安兵衛ら十人は、松山藩の松平隠岐守《おきのかみ》の三田《みた》中屋敷。

岡島八十右衛門《やそえもん》、吉田沢右衛門ら十人は、長門長府藩の毛利甲斐守《かいのかみ》の麻布《あざぶ》上屋敷。

間《はざま》十次郎、奥田貞右衛門ら十人は岡崎藩の水野監物《けんもつ》の三田中屋敷。後に九人に訂正。

大名四家に浪士引き取りの通知がなされたのは、十五日も深夜となってからであった。各家とも突然のことだから、その対応に大慌《おおあわ》て。もっとも苦慮《くりょ》したのは浪士たちの取り扱い、罪人として縄《なわ》を打ち連行するか、それとも客人として迎えるかである。

日付も変わったころ、仙石邸の周辺はものものしい雰囲気に包まれていた。

多数の軍勢がびっしり。それを取り巻く多くの見物人がずらり。見物人は、道端はおろか、近所の屋根の上にも陣取《じんど》っている。折からの大雨にも関係なしだ。

「この大雨は浅野の殿様の嬉《うれ》し涙だぜ！」

「お見事！　赤穂のお侍！　あっぱれの大雨だ！」

江戸っ子の野次馬《やじうま》は口さがない。

びっしりと居並ぶ軍勢は、各藩から浪士を受け取りに来た武装部隊。その人数は、四家あわせて千五百人というから開いた口がふさがらない。たった四十六人の赤穂の浪人がそんなに怖いのかというと、さにあらず、仮想《かそう》敵隊は上杉藩であった。

そんなこととは、つゆも思わない江戸っ子たちは、この軍勢を見て怒り立った。口々の啖呵《たんか》に火が付いた。

「なんでぃ、なんでぃ！　この軍隊は。赤穂のお侍を捕まえようってぃなら、俺たちが承知しないぞ」

「そうだ、そうだ！　今度は俺たちが相手だ！」。

江戸っ子たちの敵は大名四家になってしまっていた。

ここで割《わり》を食ったというか、下手《へた》を打ってしまったのが毛利家である。

毛利家は大事をとり、幕府に浪士たちの取り扱いについて、幕府に伺《うかが》いを立てた。返ってきた答が、「間違いのないよう、然《しか》るべき扱いをすべし」だった。

毛利家は、浪士の搬送《はんそう》に際して、「間違いがあってはいけない」と、浪士を乗せた駕籠《かご》に錠《じょう》をして、さらに縄《なわ》で駕籠をしばった。ふつう、罪人を搬送する形である。毛利家にしてみれば、万一にも、吉良や上杉に浪士を奪《うば》われてはいけない——、の「然るべき扱い」であったのだ。

それを見て怒ったのは江戸っ子たちだ。

「なんでぃ、なんでぃ、あの恰好《かっこう》は。赤穂のお侍を罪人扱いしやがって！」

「どこの藩だ！　何っ！　毛利？　ばかじゃねぃか」

「亡き殿様の仇討ちをして、罪人にされるんじゃ、世も末だ！」

びしょ濡《ぬ》れの江戸っ子たちは、この時とばかりに悪口雑言《あっこうぞうごん》、言い放題。良かれと思い、大事をとった毛利家はボロクソに言われ放題。小石が飛んで来ようかの勢いであった。

毛利家にとって、もう一つ運が悪かったのは、毛利に先行して仙石邸を出た、細川家の仕立てた十七台の駕籠の有様であった。

内蔵助らの乗る細川家の駕籠の列は、浪士の中に怪我人がいるとの理由で、ゆっくりと運行された。これは、藩主・越中守の命であった。そろりそろりと行く駕籠は、殿様など身分の高い人が疲れぬためのそれ。駕籠の列を取り巻く細川軍勢の八百四十人も、そろりそろりと歩調《ほちょう》を合わす。まるで大名行列である。

これを見て江戸っ子たちは、「たいしたものだ、さすが加藤清正公ゆかりの細川様だ。器量《きりょう》が違う」と持てはやした。そして後に出てきたのが、毛利家の罪人扱いの駕籠の列だったから始末《しまつ》が悪かった。

毛利家においては、この評判が後々まで祟《たた》ったのである。

細川の　水の流れは清けれど　ただ大海の　沖ぞ濁《にご》れる

この時、江戸の町で大流行した狂歌である。
「細川」は細川越中守の細川家。「水の」は水野監物の水野家。「大海」は毛利甲斐守の「かい」すなわち毛利家。「沖ぞ」は松平隠岐守の松平家である。すなわち、
細川や水野の待遇　良いけれど　毛利　松平　濁って悪し
となるわけだ。
人の口に戸は立てられぬの諺《ことわざ》の通り、この評判は江戸の町中を一気に駆《か》け巡《めぐ》ったのであ

る。まして噂話は極端なほどおもしろい。噂は勧善懲悪《かんぜんちょうあく》の色合いまで帯《お》びてきて、
「細川家、水野家は浪士を客人扱いで大切にしている。松平はもう一つだ。毛利の野郎ときたひにゃ、とんでもねぇ。あの立派な赤穂のお侍を牢屋《ろうや》に叩き込んでいやがるぜ。飯だってひどいものを食わしている」
が定説となってしまっていた。

もっとも噂話はただの推測《すいそく》ばかりではない。特に、細川越中守の浪士への肩入れは半端ではなかった。

仙石邸より搬送の駕籠が細川家の高輪下屋敷に着いたのは丑《うし》三つ（午前二時）を過ぎていたが、越中守は寝ずに内蔵助らを待っていた。

そして労《ろう》をねぎらうと、すぐに二汁五菜の料理を出し、酒やたばこも振る舞った。また、風呂は一人一人に湯を入れ替えさせる念の入れよう。浪士たちに与えられた部屋も庭に面した客間であった。

さらに細川公は、ことあるたびに「十七人の勇士《ゆうし》ども」と、彼らを勇士と言って憚《はばか》らない。また、幕府にも「赤穂浪士の助命嘆願《じょめいたんがん》」を働きかけると同時に、自らはこの日より精進料

理しか口にしなかった。

藩主の姿勢がこうだから、家臣たちも、右にならえ。十七名は下にも置かぬもてなしに預かっていた。

酒やたばこは自由。書物も望み通り与えられ、書き物も自由だ。それは快適ともいえる毎日であった。内蔵助はその後、「毎日毎日がこのようなご馳走ではかえって身が持たぬ。ぜひ、鰯《いわし》一匹の普通の食事にしてほしい」と懇願《こんがん》したのはよく知られた話である。

一方の毛利家は、十名が到着した数日は、やはり「然るべき扱い」をしていた。浪士たちを居住させた所は家臣用の長屋。それも道路に面した方には板を打ちつけ外と遮断《しゃだん》。さらに一人ずつ屏風《びょうぶ》で囲《かこ》い、仲間内の交流も制限した。食事も毎回軽いもので、身体を縛《しば》られてはいないものの罪人の留置《りゅうち》に近い扱いであった。

ところが、それを伝え聞いた江戸っ子たちが口を尖《とが》らして抗議《こうぎ》の野次《やじ》を飛ばす。湯屋（銭湯）でも床屋でも井戸端でも、毛利家は悪口の的だ。話に尾ひれがつくのは噂話の常識、毛利はとんでもない極悪人《ごくあくにん》にされていた。

それに閉口《へいこう》した毛利家は、幕府に浪士たちの扱いの変更の伺《うかが》いを立てるが返事はない。

たまりかねて細川家や水野家に様子を聞き、そのあまりの違いにびっくり仰天《ぎょうてん》、すぐに浪士十名の待遇は好転《こうてん》した。

一人ずつ囲っていた屏風も取り外し、火鉢《ひばち》も出された。食事も二汁五菜になった。酒も自由にした。寝具、風呂なども改められた。さらに藩主毛利甲斐守の面談もあり、他家と同様、いや他家以上の好待遇になったのである。

だが、スタートでつまずいたハンディは大きく、ついに江戸っ子たちの評判を取り戻すことはできなかったのである。

江戸っ子パワーが世を変えた

江戸っ子たちの赤穂浪士の英雄化ムードはさらに燃え上がっていた。

浪士たちがまだ四家に拘束《こうそく》されている元禄十六年一月、江戸山村座で歌舞伎『傾城《けいせい》阿佐間曽我《あさまそが》』が上演された。これは、曽我《そが》兄弟の仇討ち話「曽我物語」をよそおってはいるが、仇討ちの場面では大勢が揃いの衣裳で夜討ちをかけるなど赤穂浪士を連想するもの。むろん戯作者《げさくしゃ》は吉良邸討ち入りを想定しているし、観客の方も、つい最近起きた大事件だ、仮名を使おうが、設定を変えようが、みんな分かっている。身を乗り出し、掛け声をかけて観ていたことだろう。

そして、「弱い者が強い者をやっつける」「勧善懲悪《かんぜんちょうあく》」「仇討ち」「命を捨てた忠臣《ちゅうしん》」「苦労が報《むく》われた」など、江戸っ子が大好きなストーリーが出来上がっていき、ますます巷《ちまた》では赤穂浪士賛美《さんび》の声が高まっていったのである。

江戸の市中は「浅野びいき」で騒《さわ》がしい。幕府は悩んだ末に結論を出した。

元禄十六年二月四日、四十六名に切腹の命が下り、その日の夕刻、全員が果てた。

幕府はこれで事件の幕引きにしたかったのだが、そうはいかないのが庶民パワーだ。ますます赤穂浪士びいきの熱が盛り上がる。

江戸山村座は連日超満員だ。これはいかんと幕府は二月のうちに『傾城阿佐間曽我』の上演を禁止した。

負けていないのが庶民の方。すぐさま江戸の中村座で、赤穂浪士討ち入りをまともに扱った『曙曽我夜討《あけぼのそがのようち》』を上演する。上演初日は二月十六日。すると幕府はその三日後の十八日、『曙曽我夜討』の上演を禁止した。

騒ぎは江戸ばかりではない。

京都では、近松門左衛門作の『傾城《けいせい》三の車』を早雲長太夫《はやくもちょうだゆう》座で上演。内容に赤穂浪士の苦心や討ち入り話が組み込まれているとのことで上演を禁止されている。また、大坂竹本《たけもと》座でも討ち入りを下敷きにしたものを際物《きわもの》的に連発していたという。

この頃はまだ「忠臣蔵」という名はなかったが、庶民の中には既に忠臣蔵が生まれていたのである。

幕府が水を、掛けても掛けても消えない火。それは「納得できない」という庶民感情であった。

けんどん屋の店先で安酒を引っ掛けている職人たち。

彼らの口から「てやんでぃ、べらぼうめ！」の次に出てくる言葉は、「大石内蔵助は偉かった」、「堀部安兵衛は強かった」。

そして、「喧嘩両成敗は天下の御法じゃなかったのか」、「生類憐みの令って、いったい何でぃ」と江戸っ子の鉾先《ほこさき》は幕府に向って行くのが常であった。

例の『生類憐みの令』はとうに形骸《けいがい》化していて、江戸の町のあちこちには、獣の肉を食わせる「ももんじ屋」が店を出していた。そこでは、安くて美味い、山くじら（猪肉）、もみじ（鹿肉）が人気だった。言ってみれば、山くじらは豚肉の味噌煮、もみじは牛肉の串焼きみたいものだから、まずいはずはない。栄養もあって、それも一串、八文（約百五十円）だから文句なしだ。

庶民の舌と庶民パワーが歴史を作っていったのである。

浪士切腹から六年後の宝永《ほうえい》六年、将軍徳川綱吉が死去。六代将軍に徳川家宣《いえのり》が就任。その大赦《たいしゃ》で島流しの刑を受けていた赤穂浪士の遺児《いじ》たちが赦免《しゃめん》された。将軍が替わったことで市井《しせい》の声を受け入れやすくなったのだろう。

そして翌七年、「忠臣蔵物」が、江戸や京や大坂の芝居小屋で、堰《せき》を切ったように上演され始めた。

登場人物も、大星由良之助《おおぼしゆらのすけ》が大石内蔵助。塩冶判官《えんやはんがん》が浅野内匠頭。高師直《こうのもろなお》が吉良上野介。もうそれは注釈《ちゅうしゃく》がいらぬほど定着していた。

さらに同時期、松の廊下事件以降、謹慎《きんしん》同然だった内匠頭の弟、浅野大学長廣《ながひろ》が旗本寄合に取り立てられ、知行地《ちぎょうち》として房州《ぼうしゅう》に五百石が与えられた。わずか五百石だが、これは赤穂浅野家再興《さいこう》を意味する大きな五百石なのである。

そして赤穂浅野家の再興は、吉良家寄りだった幕府裁定《さいてい》の不条理《ふじょうり》を糺《ただ》すことに通じるものので、内蔵助ら四十七士が命を懸けて訴えた究極《きゅうきょく》の目的でもあった。

幕府はついに白旗をあげたのである。

「めでてえ、めでてえ。今日はちょいとばかり、いい酒を呑もうぜ」

「呑んだら、じきに醒《さ》める、じきさめ酒かい」

「ばかやろう、きょうは目出度《めでた》い日だ。村まで酔いが持つ、むらさめ酒にする」。

―おわり―

◆著　者

西 まさる（にし・まさる）

作家・編集者。

著書は、『地図にない町』『幸せの風を求めて・榊原弱者救済所』『悲しき横綱の生涯・大碇紋太郎伝』『次郎長と久六』『知多半島みやげ話』など多数。

熱田の森文化センターなど、文化教室講師。

西まさる編集事務所　主幹。

◆鼎　談

入口 修三（いりぐち・しゅうぞう）

四條流十六代家元（号・柏修）
四條流庖丁儀式保存会　会長
全国日本調理技能士会連合会　副会長
全国日本料理技能士会　師範
愛知県日本調理技能士会　会長　など。
愛知県立瑞稜高校・国際調理士専門学校名駅校など講師
著書に、『楽しい会席　―料理の三真―』（新葉館出版）
☆本書の献立指導も担当。

早川 由美（はやかわ・ゆみ）

愛知淑徳大学・奈良大学・南山大学など講師。

著書に、『西鶴考究』（おうふう）。

共著として、『西鶴が語る江戸のラブストーリー』（西鶴研究会編・ぺりかん社）、『忠臣蔵』第２巻（赤穂市教育委員会市史編さん室編・赤穂市）。

◆装丁・挿絵

スギウラ フミアキ

イラストレーター
http://www.sugiurafumiaki.net

忠臣蔵と江戸の食べもの話
◇
２０１２年１１月１１日発行
◇
著　者
西 まさる
発行人
松岡 恭子
発行所
新葉館出版
大阪市東成区玉津１丁目９-16 ４F　〒537-0023
TEL06-4259-3777　FAX06-4259-3888
http://shinyokan.ne.jp
◇
編　集
西まさる編集事務所
印刷
東海逓信印刷㈱
◇

ISBN978-4-86044-469-3
◆定価はカバーおよび帯に表示してあります。